Hier isst Calimero

Nicole Diercks

Hier isst Calimero

Ein sehr vermopstes Tagebuch

Der erste Teil

Bibliografische Information der Deutschen Nationalbibliothek:
Die Deutsche Nationalbibliothek verzeichnet diese Publikation in der
Deutschen Nationalbibliografie;
detaillierte bibliografische Daten sind im Internet über
http://dnb.d-nb.de abrufbar.

© 2014 Nicole Diercks
Umschlaggestaltung, Herstellung und Verlag:
BoD- Books on Demand
ISBN: 978-3-7357-9131-3

Inhalt

Caramba Caracho	9
Meine Ankunft	15
Erster Tag	20
Zweiter Tag	24
Dritter Tag	29
Vierter Tag	33
Fünfter Tag	37
Sechster Tag	41
Siebenter Tag	43
Der Taschenflip	45
Molli	47
El Diabolo	49
Mopsball	51
Hundefestival	53
Hundespaghetti	57
Welpenschule	60
Bella	63
Waldi	67

Spaghetti-Paletti	72
Staying alive!	74
Schriftverkehr(t)	77
Flipper	80
Ballett	82
Babys und Welpen	88
Lolli und Bounty	90
Erziehung auf Hundeart	93
Rüsselpest	98
Quelli	102
Er kriegt den Föhn	104
Klickerpanne	107
Da haben wir den Salat	110
Alcatraz goes Laufband	115
Keine Panik auf der Titanic	117
Spur der Verwüstung	122
Stubenrein	125
Kleiner Sergeant	128
Pulloverflip	132
Trockenfutterversager	135

Hundepudding	138
Silvester	143
Lichtes »L«	144
Leberwurstkekse	147
Rolltreppen-Django	151
Ö und Ö	153
Aureole, rechtsgedreht	156
El Swarowski	158
Mama Loulou und Kumpel Packo	160
Tiernotrettung	165
Chickenwing	169
Pi-Henge	171
Tintenwurm	173
Hundeshopping	176
Der grandiose Fäkalini	185
Chubbys Hintern	189
Karneval	193
Unterschiedliche Auffassungen	198

Mein Dank

Ich danke allen wunderbaren Hunden und ihren Menschen, die ich durch Calimero kennenlernen konnte. Was ich durch Euch lernen durfte, hat mich sehr bereichert und ich werde es nie mehr vergessen!

Zum Schutz der Intimsphäre wurden alle Namen der Protagonisten verändert. Ich habe mich bemüht, die Klangfarbe und den Spirit der Namen beizubehalten.

Caramba Caracho

Ich soll hier was sagen.

Ich bin ein Mops-Junges, pechschwarz, geboren am 01.07.2009 im Hunsrück, derzeit pralle elf Wochen alt. Meine Mama ist auch schwarz, ich bin ihr wohl optisch, von der Gelassenheit und mit der Sportlichkeit ziemlich ähnlich. Mein Papa ist vielfach preisgekrönt und blond. Von dem habe ich angeblich den schönen Wuchs, den Sturschädel und das ganze Macho-Getue. Ich weiß von gar nichts …

Das erste Mal hörte meine neue Mami von mir, als ich ca. vier Wochen jung war. Da rief nämlich meine Züchtermami bei ihr an und sagte: »Ich weiß jetzt, welcher der beiden schwarzen Jungs Ihrer sein wird! Stellen Sie sich vor: Zwei kleine Möpse sitzen am Tor. Kommt ein Trecker vorbei. Einer von denen schnurrt sofort zusammen wie eine Schnecke in der Knoblauchbutter und sitzt dann auf dem hintersten Zipfel der rechten Pobacke … Der andere dagegen kriegt einen Hals wie eine adipöse Giraffe, hängt bis zu den Schultern aus dem Gitter raus und schaut dem Trecker nach, als wenn er sagen wolle: ›Wau! So ein dickes Gerät fahre ich auch, wenn ich mal groß bin!‹ *Das* ist dann Ihrer! Klassischer Stadtmops mit Nerven aus reinem Kruppstahl … *Dem* wird es in München gefallen! Sein Bruder ist ja scheinbar eher ein kleines Weichei, für den ist sicher die Landluft besser …«
Na ja, sie musste es ja wissen, immerhin hatte die neue Mami vor der Vertragsschließung ja noch ein ausgiebiges Vorstellungsgespräch bei ihr gehabt, bevor ihr zugetraut

wurde, mit so einem tollen Geschöpf wie mir überhaupt umgehen zu können. Möpse sind nämlich nicht nur simple Hunde, die sind auch – äh, Möpse, genau, das muss man ja nun auch mal so sagen dürfen!

Tja, da fragte man sich nun natürlich: Wie kam Frau denn auf den Mops? Da gab es an und für sich ja viele Wege, aber der von meiner neuen Mami war sicherlich ein Klassiker. Sie latschte nämlich so nichtsahnend draußen rum und plötzlich überfiel eine kleine hellbeige Fellkugel ihren Schuh. Neue Mami sagte: »Ja, was ist denn *das* Putziges?«, und die kleine beige Fellkugel setzte sich auf ihren dicken Po, mit dem kleinen Ringelschwanz dran und guckte sie einfach mit schiefgelegtem Köpfchen an. Und wie sie guckte! Riesige schwarze Glanzaugen schauten ganz ernst aus einem mokkabraunen, ganz zerknautschten Gesichtchen: mit Nasenfalte, Stirnrunzeln, Hängeöhrchen und alles! Mami lag dann sofort im Dreck: Fellkugel oben, Mami unten – und dann Fellkugel unten, Mami oben …! Dann stellte sie plötzlich fest, dass da ein dünnes Band an der Fellkugel dran war, und folgte dem mit den Augen … Es endete, huch, in der Hand ihres Zahnarztes. »Oh«, machte Mami wenig intelligent, hob schnell die mittlerweile total staubige Fellkugel auf und klopfte sie zart aus. »Ich wusste gar nicht, dass Sie außerhalb Ihrer Praxis, in dieser dünnen Atmosphäre hier, überhaupt existieren können … So ganz ohne Ihre weiße Schutzhaut …«, sagte Mami etwas doof, ungefähr mit dem Gefühl, mit dem man als Kind einem Lehrer außerhalb der Schule begegnet war: Durfte der das überhaupt? Der Zahnarzt hob eine

Braue und sagte: »Haha.« Mami kümmerte sich aber nicht um ihn und knuddelte lieber die kleine Fellkugel weiter. »Was *ist* das?«, fragte sie, während die kleine Fellkugel sich herzhaft in ihrem Zeigefinger verbiss. »Dass iesst Moolliiee …«, sagte der Zahnarzt ungerührt und mit unüberhörbar ungarischem Dialekt. Mami zog ihren angenagten Finger aus dem Knäuel und fragte interessiert: »Ach. Und was genau ist ein Moolliiee …?« Ungarn sagte: »Moolliiee iesst ein Mops! Aus Uungarrrn! Acht Wochän alt!« »Oh nein!«, dachte Mami da. »Ich wusste ja gar nicht, dass Möpse so *dermaßen* goldig sind!«

Ja, so kam das dann, dass die neue Mami ab da an immerzu einen Mops in der Aura hatte. Saß sie auf dem Sofa und schaute so rum, saß davor Moolliiee und guckte wieder so süß! Ging sie aufs Klo, saß da so rum, stand da plötzlich Moolliiee und guckte so süß! Ging sie ins Bett, klappte das auf, lag da Moolliiee drin und guckte schon wieder so süß! »So geht es nicht!«, dachte Mami nach ein paar Tagen schon ganz schlapp und rief eine Mops-Züchterin an. Die lachte und lachte und lachte und sagte dann: »Ja, ja, Sie haben sich infiziert! Blöd gelaufen, denn Möpse machen nämlich süchtig!« So kam das dann alles mit mir …

Ich bin der Calimero.

Ja, *jetzt* bin ich dann auf einmal Calimero! *Mich* hat ja wieder mal niemand gefragt hier … Dafür fingen jetzt alle großen Menschen auf der Straße an herumzusingen: »Calimeeeeroooo mit Sombreeeeroooo …! Hey, Winzling: Wo ist denn deine Eierschale hin …?« Die kleinen

Menschen guckten dann mit mir zusammen bloß fassungslos die großen an und schüttelten leise den Kopf …

Bis vor ein paar Wochen war ich nämlich noch gar nicht Calimero …! Da war ich noch »Caramba Caracho«. »C-Würfe sind namenstechnisch immer voll stressig …!«, sagte meine Zuchtmami theatralisch seufzend. Sie rief dann an meinem sechsten Wochengeburtstag, etwas außer Atem, in München an und zwitscherte: »Ich habe endlich auch den Namen für *Ihren* Welpen! Er steht jetzt schon mit ›Caramba Caracho‹ im Zuchtbuch! Toll, oder …? Hallo …? Sind Sie noch dran?« Meine neue Mami war mit trockenem Abschlucken beschäftigt und scheinbar gar nicht *so* begeistert über diesen Fund. »Na aber gaaanz super«, hörte ich neue Mami leicht resigniert sagen und legte interessiert das Köpfchen schief. »Nomen est Omen, oder was …?« Meine Züchtermami war jetzt fast schon sauer: »Na, jetzt hören Sie aber mal … Das ist doch nur ein putziger, kleiner Welpe und kein tasmanischer Teufel …!« Und auf *genau dieses Zitat* würden die beiden dann noch sehr häufig zurückkommen … Aber dazu später mehr.

Meine Züchtermami erzählte dann die Geschichte dazu: Fünf kleine Möpse todesmutig, mit der ihnen eigenen Coolness, das erste Mal beim Tierarzt. Vier ließen sich auch programmgemäß vom Weißkittel stechen. Einer jedoch machte entschlossen sofort die Socke und sagte sich: »Keine scharfen und spitzen Gegenstände an meinem Luxuskörper!« Das war dann ich! Als man mich vermisste, war ich bereits auf dem weiten Weg ins Wartezimmer. Sie versuchten mich da natürlich sofort zu stellen, aber da hatten sie die Rechnung ohne den Mops gemacht! Ich türmte sofort, tunnelte und verließ umgehend die Bildfläche. Sie suchten mich wie ein verschollenes Osterei, aber dann fanden sie mich doch noch: »Aaaiii, Caramba!«, fluchte der Doktor sehr undamenhaft. »Ich erwische den Winzling einfach nicht! Jetzt steckt er doch tatsächlich ganz da hinten fest … Unter dem Regal sitzt er und faucht sogar!« Genau, Caramba Caracho ging lieber ein paar Staubfusseln besuchen, als sich als putziges Nadelkissen missbrauchen zu lassen! Sie lockten mich: mit Worten, mit quietschenden Spielzeugen und mit Leckerlis. Ja, sagt mal: Sehe ich irgendwie doof aus, oder was? Aber der Doktor rückte dann irgendwann tatsächlich kurzerhand das Sideboard ab und ich sah plötzlich wieder Tageslicht. Also pulte er mich am Ende dann doch noch da hinten raus, aber ich wehrte mich immer noch nach Leibeskräften! Ich klammerte mich, zum wirklich Äußersten entschlossen, mit meinen dünnen Ärmchen zwischen Regalboden und Schrankbein fest, ungefähr wie eine Fledermaus im Sturzflug. Das war dann wohl, es erklärt sich später noch sehr ausführlich, mein erster »Flip«, nennen wir ihn den »Wartezimmer-Flip«! Man kann abschließend sagen: Es war ein fairer Kampf! Als ich dann *endlich* da draußen war, sah ich zwar aus wie secondhand, aber der Tierarzt war fix und foxi. Leider kriegte ich dann doch noch die Spritze, bevor ich es überhaupt gemerkt hatte, und auch die Leckerlis. Na ja, man kann nicht immer gewinnen … Aber nächstes Mal kriegte *der Doktor* die Spritze, aber *keine* Leckerlis hinterher und der staubige Caramba Caracho lacht und lacht und lacht …!

Einer von den Beiden soll ich sein. Wahrscheinlich der Obere.

Meine Ankunft

Mein erster Tag in der neuen Welt meiner neuen Mama … Ich bin ja wohl so was von total genervt, aber echt! Was soll denn das? Ich *hatte* bereits eine Mama mit vier Füßen und eine mit, ich glaube, drei Füßen oder so. Die konnte jedenfalls ganz viele Kunststücke: Kühlschrank aufmachen, Dosen tragen, Fernseher anmachen, Bäuchlein kitzeln … Ich hatte also bereits alles! Und ich wollte doch auch noch so viel machen!

Und nun saß ich kleiner schwarzer Unglückswurm in einem doofen Auto, fuhr Wer-weiß-wohin mit Wer-weiß-schon-wem und ich konnte gar nicht so schnell speien, wie ich genervt war! Dafür habe ich aus Rache die ganze Zeit gehechelt wie begast und fast ohnmächtig getan … Meine neue Mami musste dann wirklich die Züchterin anrufen, ob das eigentlich noch alles normal hier war? Oder ob Freund Caramba sich da jetzt gerade selber eine Gasnarkose verpasste? *Ich* hatte hier gerade gar keinen Spaß, dann sollte in diesem Auto auch kein anderer Spaß haben! Rache ist Blutwurst! Das Theater hielt ich ungelogen dann weit über sechs Stunden lang durch! Und als ich dann mit dem Hecheln gar nicht mehr nachkam, kotzte ich erst mal die nagelneue Welpentasche von oben bis unten voll. Die roch dann sogleich wie schon wirklich *sehr gut* eingetragen und wir mussten dann schnell mal einen Parkplatz ansteuern. Sie versuchten es mit Wasser, aber es nützte alles nichts, das Teil konnte man jetzt wohl nur noch kärchern! Ich frühstückte dann noch etwas weiter rückwärts auf dem

Schoß von der neuen Mami: Totale Begeisterung! Wieder einen Parkplatz angefahren, wieder Wasser gesucht, schon wieder allesamt nass und stinkend. Ich saß dann schließlich im Fußraum und kotzte da dann noch ein bisschen gemütlich weiter … Man musste sich ja auch schon mal ein bisschen anstrengen für eine gelungene Performance, immerhin waren alle Augen auf mich gerichtet. Die erwarteten schließlich was von mir und ich lieferte auch. Ja, ich lieferte denen eine gute Show, wenn sie auch total zum Kotzen war! Geheimauftrag: Bringt mich sofort zurück, sonst geht das hier die nächsten Jahre lustig immer so weiter!

Mal wieder ein Anruf bei der Züchterin: »Ist das eigentlich alles noch normal hier?« Und die Züchterin lachte und lachte und lachte. Na ja, *die* musste den Schlamassel hier ja auch nicht sehen, riechen und wegmachen, da war dann ja immer gut kichern! »Er ist wahrscheinlich halb tot, oder gibt sich zumindest so …«, lachte sie in die Muschel und Mami konterte angepestet: »Halb tot, ja … Aber die *andere* Hälfte ist quicklebendig und in absoluter Geberlaune!« Die Züchterin lachte und lachte: »Na ja, Babys führen sich eben einfach so auf, manchmal …« Mami sagte säuerlich: »Es ist weniger das Babygehabe, als dass er ein ganz großer Kopfarbeiter ist! Da bewegt sich richtig was und er nimmt auch die Schnauze ziemlich voll dabei …!« Meine Züchterin lachte und lachte: »Ja, wahrscheinlich hätte ich vor der langen Autofahrt besser mal keinen Lunch geben sollen …«, räumte sie dann irgendwann prustend ein. »Wie viel haben Sie ihm denn bitte reingestopft?«, fragte Mami etwas angepestet.

»Der muss ja so eine Art Ameise sein und hat sein eigenes Lebendgewicht geluncht! *So viel* Futter, wie wir hier schon, in mittlerweile drei lautstarken Akten, recycelt gesehen haben, lässt keine anderen Schlüsse zu!« Und die Züchterin lachte und lachte und lachte … Mami lachte dann nicht mehr, denn zwischendurch, wenn nichts Brauchbares mehr aus meinem Kopf kam, hechelte ich wieder wie bescheuert. Und jetzt hatte ich mich sogar schon erfolgreich weitergebildet: Ich quiekte und röchelte dabei auch noch! Es war wirklich die machbare unterste Grenze allen erträglichen Benehmens für so wenig Hund wie mich. Ich hoffte immer noch innig, dass sie mich *endlich* zurückfahren würden, umtauschen oder zurückgeben, einfach sagen, dass der neue Mops jetzt unterwegs leider schon kaputtgegangen war!

Mami fragte dann später die Christa mit dem Matscheknie, ob sie nicht mal gerne als Fahrer tauschen wollte, doch Christa klammerte sich nur am Lenkrad fest. Sie guckte *sehr scheel* schräg zu mir hechelndem Bündel im vollgekotzten Fußraum runter, dann auf die angekotzte nasse Jeans von Mami, dann auf die vollgekotzte nasse Welpentasche und sagte sehr entschlossen: »Nein, lass mal! Kümmere *du* dich besser um – na ja, *das da eben* … Ich fahre dann lieber!« Es war also noch immer keine Wende geplant. Doch so ein Mops gab niemals auf, auch dann nicht, wenn er erst zweieinhalb Kilo nach dem Frühstück wog! Ich hechelte, quiekte und röchelte also auf der Autobahn … Ich hechelte, quiekte und röchelte dann weiter im Stau … Ich hechelte, quiekte und röchelte auch auf der Damentoilette bei Shell, wo ein erneuter Versuch unternommen wurde, die verdammte Welpentasche doch noch irgendwie zu reinigen … Ich hechelte, quiekte und röchelte auch beim Ausspülen der schon wieder frisch vollgekotzten Welpentasche im Damenklo bei Agip … Da roch es allerdings so ähnlich wie in meiner Tasche. Ich hechelte weiter, als meine neue Mami die doppelt angekotzte, jetzt wirklich komplett nasse Jeans bei Aral unter dem Händetrockner zu föhnen versuchte … Und ich quiekte und röchelte immer noch, als die neue Mami und die bereits schon leicht genervte Christa bei Esso total entkräftet einen Kaffee tranken und sich über mich unterhielten … Es ging um Hyperventilationstetanie, um Blauanlaufen und um Riechsalz. Nix kapiert. Außerdem war ich viel zu beschäftigt mit Hecheln, Röcheln und Quieken. Ich rief dabei: »Tauscht mich um! Ich bin ein Fehlkauf! Bringt mich zurück! Das geht jetzt die nächsten 15 Jahre lang genauso weiter!« Dann musste die nasse, mehrfach angereinigte, vollgereiherte, schon wirklich jetzt sehr gebraucht wirkende Tasche in den Kofferraum, weil dadurch *allen anderen* im viel zu warmen Auto jetzt dann auch noch schlecht wurde … Ein voller Erfolg diese Aktion!

Dann waren wir *endlich* bei meiner neuen Mami zu Hause. Ich hörte *sofort* auf, so blöd zu hecheln, zu quieken und zu röcheln – und guckte stattdessen erstaunt. Da roch es auch besser. Ich wurde in einen Laufstall mit kuscheligem Nest und einem großen, weichen Plüschhund gesetzt. »Das ist dein neuer Kumpel Dogbert«, sagte die neue Mami erschöpft. »Kotz ihn nicht gleich voll, sei doch bitte so nett!« Weil ich ja in einem Laufställchen war, kamen da auch die doofen Miezekatzen dann nicht rein. Die sahen irgendwie total fusselig aus und waren wohl zu stark aufgeblasen. Ja, weil die verloren Luft beim Michangucken: »Fauchchch …!«, machte das die ganze Zeit und die hatten ganz große schwarze Augen und einen puscheligen Schwanz dabei. Morgen werde ich mal probehalber in eine von denen reinbeißen … Ob die dann wohl platzt …?

Habe mich dann höchst zufrieden auf dem Fell mit meinem Rudelgeruch eingerollt, an Dogbert angekuschelt und überhaupt nicht mehr gekotzt oder gehechelt. Im Gegenteil, ich fand es plötzlich gar nicht mehr so übel und dachte: Ein bisschen Urlaub wäre wohl okay nach der langen Fahrt, ich kann ja auch nächste Woche noch wieder zurück! Habe dann sofort tief geschlafen, immerhin hatte ich ja auch die letzten sieben Stunden lang durchgefeiert! Hatte den Geruch meines Wurfes in der Nase und es war alles so ruhig und warm und flauschig, wie zu Hause. Grunz!

Erster Tag

Sie sind nicht geplatzt …! Aber die Kleine hat mir voll eine geklebt, die spinnt ja wohl …! Ich merkte mir, ihren Schwanz zu kauen, wenn sie mal nicht aufpasste! Der war so lang und dünn, und sie brauchte den doch gar nicht zur Begrüßungsarbeit. Eigentlich tat sie sich mit dem langen dünnen Stängel da hintendran doch nur wichtig! Hab mich Ameise sauber mit dem mir bestens bekannten Futter vollgestopft und dann fast sofort danach auf den hellen, hohen Wollteppich geschissen. »Tja, Shit happens!«, sagte Tante Roberta immer und grinste. Das sah aber sehr hübsch aus! Viel hübscher als in der braunen Rabatte, wo man es immer kaum sehen konnte! Meine neue Mama hatte überrascht gesagt: »Ist Ostern, oder was? Du musst hier keine Schokoladeneier verstecken!« Check ich nicht. Ich muss, also mach ich auch! Das ist Mops-Philosophie.

Dann musste ich auch gleich noch mehr und pinkelte erst mal aufs Parkett, während ich sie freundlich dabei angrinste. »Das war jetzt aber mal nötig!«, wedelte ich froh und nun wusste sie, dass es mir gut ging. Das musste sie doch wissen als meine Mami, oder …? Sie war aber trotzdem nicht so *richtig* begeistert. Dafür hatte ich mir nun so viel Mühe gegeben, hab richtig feste gepresst und alles gegeben! Ich dachte doch wirklich, Hunde-Pipi sei ein Geschenk für Mami? Zuchtmami hatte sich immer gefreut, wenn was ging! Dann machte ich ihr aber endlich doch noch richtig Spaß. Ich guckte ja mit schiefgelegtem Köpfchen zu, wie Mami den großen Plattensee aufwischte und klaute dann blitzschnell den triefenden gelben Lappen! Und dann haute ich gut gelaunt, vorne ganz voll und hinten ziemlich leer, damit ab. Ich raste, blöde hoppelnd und in einer satten Pipi-Tropfspur, durchs Wohnzimmer davon! Quer durch das ganze Zimmer tropfte ich damit! Dann hat sie doch noch endlich gelacht … Hartes Publikum hier.

Ja, und wo ich schon dabei war, musste ich auch gleich *noch* was und schiss spontan und mit Schmackes mitten in die Küche. Das war typisch Mops: *Wenn* ich dann mal was machte, war es wirklich schwer, mich zu bremsen …! Meine Rasse war aber daran schuld, nicht ich selber! »Ich hab einfach schlechte Gene, oder meine Eltern sind dran schuld!«, sagte Papa immer selbstbewusst und piete dann voll an den Blumenkübel vor der Haustür. »Siehst du …«, grinste er. »Schlechte Gene machen aber viele gute Pipi!« Meine Zuchtmami war dann aber immer trotzdem ganz unbegeistert über all die schlechten Gene oder all die viele gute Pipi. Sie schimpfte und schimpfte und schimpfte immer mit Papi. Die neue Mama trat dann leider in der Kurve unversehens voll in meine schlechten Gene rein! Sie sagte: »Bin ich in El Exkremento gelandet, oder was ist hier los? Musst du nicht irgendwann mal leer sein, sag mal!« Keine Ahnung! Frag meine Gene oder meine Eltern, ich bin vollkommen unschuldig an allem, was so um mich herum passiert …

Ich guckte sie an und lachte dann froh: Gefunden! Aber sie guckte nur auf die helle Socke, die sich gerade hübsch mit der Flitzekacke vollsaugte und sagte: »Scheiße!« Ich war begeistert: Das war völlig richtig! Die war ja sogar etwas schlau! Ich rief aufgeregt: »Ja! Ja! Ja!«, und rannte immer wieder hin und her durch den weichen Haufen. Immerhin hatte sie den tropfenden gelben Lappen ja noch in der Hand, wie es nur wieder passte! Dann sprang ich sie total begeistert mit meinen Kackpfötchen an. Sie sagte streng: »Calimero, ich finde das jetzt gerade echt richtig kacke hier …!« Ich aber fand das gerade voll lustig hier! Alles war voller Pipi-Tropfspuren und überall und auf allen Leuten war Hundedünnschiss! Jetzt rochen wir alle gleich, das war doch toll! Ich musste ja auch meinen Einstand geben! Mami fand das gar nicht. Sie wollte viel lieber Canapés mit Räucherlachs und kalten Sekt zum Einstand … Komisch!

Und dann musste schon wieder alles gewaschen werden, das fand *ich* jetzt aber dann nicht so toll! Mami wollte die angesaugte Kacksocke, die vollkommen angeschissene Küche, die mit den Kackpfötchen überall angetappte Hose und den müffelnden Calimero mit seinen Stinkepfötchen waschen … Den zuallererst, was dann aber leider nicht ganz einfach war! Denn zuerst mal musste sie mich ja *erwischen*. Die Nummer hab ich wirklich drauf, ich sag nur: Tierarzt! Das war der »Kacki-Pissi-Flip« und als ich ihn tanzte, schlitterte ich völlig aufgewickt, laut schreiend, unter Hinterlassung lauter rutschiger, feuchter, müffelnder, brauner Pfotenabdrücke wie von Sinnen durch das frisch gewischte Wohnzimmer! Rutschte beim Rückweg durch die feuchte Hundebabykacke in der Küche und raste mit durchdrehenden Reifen zurück durch den braun getüpfelten Flur. Dann wieder durch das mit braunen Bremsstreifen garnierte Wohnzimmer und immer wieder rundherum im stinkenden Kreis! Das war toll, denn dabei schrie ich laut und schrill, dass hier noch überall Hundescheiße lag … Wirklich überall! Und dass ich das wirklich ganz, ganz große Klasse fand! Und dass wir das jetzt jeden Tag so machen würden, juhuuuuu! Was für eine Aufregung! Neue Mama mit einer auch noch zweiten Stinkesocke, Stinkelappen und Stinkejeans saß ganz erschöpft am Boden und sagte nur noch matt: »Oh Gott, du mikroskopischer Fehlkauf … Du Pestraupe … Wo soll das bloß noch hinführen …? Machen wir dann vielleicht demnächst eine Düngemittelfabrik auf …?« »Ja! Ja! Ja!«, schrie ich aus vollem Halse und grinste über beide Backen. *So* übel war es hier gar nicht, dachte ich dann, wenn man mal von dem ständigen Gebade absah … Ich glaubte fast, ich blieb noch etwas …!

Zweiter Tag

Ein neuer Tag, ein neuer Haufen! Haufenweise Haufen! Das ist auch Mops-Philosophie. Aber meine neue Mami freute sich immer noch nicht so richtig …! Ich würde an der Größe der Haufen arbeiten müssen … Vielleicht waren die ihr einfach noch immer zu klein? Wobei Papa stets sagte: »Nicht die Größe allein ist entscheidend! Allein das Bouquet zählt am Ende!«, und da war ich wirklich schon ganz gut dabei! Denn Mami kam ins Zimmer und sagte anstatt »Guten Morgen« nur: »Guter Gott, sag mal: Brennt es dich auch so in den Augen?« Nö …?

Draußen dann hörte ich, wie die Nachbarin fragte: »Und wie ist *dein* Tag?«, und Mama sagte: »Er beginnt und endet mit Scheiße …« Die Nachbarin war jetzt erstaunt und Mama sagte resigniert: »Das ist ein Naturgesetz. Doch wichtig ist allein, *wo* sich die Scheiße gerade befindet: Ist sie noch *im* Hund drin oder schon wieder auf dem Weg nach *draußen*? Im ersteren Fall war noch gerade alles gut, im zweiten Fall stellten sich gleich schon wieder mehrere Fragen: Wie viel? Wie lange? Wie flüssig? Und vor allem: *Wo genau* befindet sich, in diesem Moment gerade, die umtriebige Rosette dieses Hundes?« Die Nachbarin musste jetzt dann plötzlich schnell ihren Zug erreichen. Das wirkte auf mich ja nun leicht überstürzt …

Oh, ich hatte ein neues Leibgericht: Katzenfutter! Das war *so* lecker! Das hatte ich von Zuchtmami nie bekommen und die Miezekatzen aßen nie ganz auf …! Ich sagte nur: Schicksalsmelodie! Die waren zwar etwas aufgeblasen, aber auch ganz nett eigentlich, denn sie ließen mir immer ein Gastgeschenk nach ihrer Mahlzeit da! Und ich schaffte es, auch mit der ja schon erprobten Fledermaustechnik, mich so dermaßen in den Boden zu hämmern, dass ich immer noch schnell ein, zwei Mäulchen voll abschnappen konnte, bevor Mama mich da genervt wegpflückte! »Pfui!«, rief sie dann. »Pfui!« Mein Gott, was waren Menschen doch blöde! Papa hatte ja *so* recht damit! Das war *nicht* pfui! Das war *voll* lecker! Die hatte ja wohl auch so was von *keiner* Ahnung! Aber ich als Mops konnte nur sagen: Auf so was Doofes hör ich sowieso nicht …! Die Fledermaus des Todes ist zurück, nennt mich: Batwurm …!

Ich habe einen Spielkorb bekommen, da lagen alle meine Spielzeuge drin, das fand ich aber mal so was von cool. Der schmeckte auch *so* toll! Er war aus geflochtener, getrockneter Wasserlilie, da konnte man ja so herrliche Stücke rausbeißen! Ach ja, Spielzeug war da dann wohl auch noch drin, aber unter uns: Der Korb war das Beste! Ich saß mittendrauf und mittendrin in den ganzen Kauknoten und Quietschekissen und fraß seelenruhig den Korb auf …

Hundespielzeug war ja auch ganz nett, aber Katzenspielzeug war doch wohl das Allergrößte! Als Erstes habe ich mir die große Fellmaus von Merlin, der dicken Perserkatze, gegriffen, bin weggehoppelt und hatte die dann erst mal total plattgemacht. Die war hinterher einfach nur klitschenass und völlig breitgekaut. Sah irgendwie

dann auch ziemlich überfahren aus, gar nicht gesund …
Und gequiekt hat sie auch nicht mehr. Danach war dann
die Fellkugel dran, die am Katzenbaum hing. Die hatte
ich dann gleich *komplett* geschlachtet, hatte ja nun schon
Training durch die überfahrene Maus! Oh, war das toll!
Und mit dem ganzen weißen Zeugs da drin zu spielen,
war ja sogar *noch* komischer, als die Fellkugel am Gummiband immer wieder wegschnalzen zu lassen und doof
hinterherzuhoppeln. Ich hatte dann die Füllungswatte
schnell komplett rausgepult, bis die Kugel geschlachtet,
ausgeweidet und sehr tot mit doppelt so langem Gummiband am Katzenbaum flackte. Noch ein Verkehrsopfer!
Die tolle Watte hatte ich dann sofort überall verteilt, es
wurde irgendwie immer mehr und mehr und mehr …
Und das ließ sich auch noch so herrlich breitzupfen! Sie
war am Schluss einfach überall verteilt und es war ganz
großartig, einfach ganz, ganz großartig!

Mit meinem nagelneuen Weihnachtsmannbart hoppelte
ich dann quiekend durch die Wohnung und das war
dann wirklich nur noch ganz großes Kino! Calimero
vorneweg, Mama lachend und rufend hinterher! Mama
wollte auch der Weihnachtsmann sein, mir den Bart abnehmen, aber Calimero sagte felsenfest: »Es kann nur
einen geben! Moi!« Mama wollte aber unbedingt den
Bart und Calimero fraß daher den Gesichtsschmuck lieber unter dem Weghoppeln schnell auf, nicht dass Mami
ihn doch noch kriegte! »Schnell aufessen ist immer besser, als mit der Konkurrenz zu diskutieren!«, das sagte
schon Papa. »Keine Gespräche über Beute, so lautet das
Gesetz!« Das hab ich mir gemerkt! Und wenn es nicht

essbar war, kam es ja sowieso irgendwann wieder raus ... So, basta, Fakten. Dann lieber gar kein Weihnachtsmann mehr, selber schuld! Mama kreischte rum, von wegen nicht fressen und ungesund und Darmverschluss und Dünnpfiff und ... Indes: zu spät! Ein toller Vormittag, das mache ich ab jetzt immer! Dann wurde ich leider, noch selbstbewusst die Wattereste verschmatzend, in den Laufstall gesteckt, weil Mami weiter hinter mir herputzen musste. Menschen verstanden so was einfach nicht ...! Wir Hunde unterstanden ja dem Kodex und der schrieb natürlich auch so etwas wie Kotpflege vor. Am besten betrieb man diese immer mit dem kontinuierlichen Aufbau eines guten Kotvolumens! Und nur die gefütterte Fressmenge alleine brachte das eben oft nicht zustande. Da brauchte man dann schon auch mal Sachen wie: Füllungswatte, Katzenfutter, Weidenkorb, Teppichfetzen, geschredderte Äste, Blätter, Vogelbeeren, gebrauchte Taschentücher, Apfelbutze ... Zeugs eben! Kotvolumen war sowohl wichtig, um all den reingefressenen Schrott wieder formlos loszuwerden, als auch, um anständig Flagge zeigen zu können! Je mehr Masse man fabrizierte, hatte mir Papa beigebracht, umso höher war auch die Oberflächenverdunstung und umso mehr konnte man damit rumprotzen! Ein dicker Haufen war, insbesondere unter Rüden, wie ein dickes Auto ... Das durch einen frischen Haufen gefahren war ... Oder so.

Aber kaum war ich wieder draußen, packte mich auch schon die Abenteuerlust und es kam sogleich der Katzenbaum dran ...! Eine Ecke habe ich geschafft, von dem hässlichen Teppich zu befreien, und kam dann endlich zum leckeren Sperrholz durch. Na, mit Beharrlichkeit ging es und dann schmeckte plötzlich, nachdem Mama mit einer Sprühflasche dahingezischt hatte, alles eklig bitter …! Das hatte ich auch schon bei den Kabeln erlebt und an den Troddeln von der Tagesdecke. Seltsames Phänomen …!

Ja, im Klappeaufreißen war ich schon früh gut …

Dritter Tag

Man nennt mich »El Diabolo«, auch bekannt als der grässliche Taschenhasser …! Wir saßen hinterher beide total zermatscht auf den Treppen, ich leider dann doch in der müffelnden Hassi-Tasche und sie daneben. Wir japsten völlig erledigt: ich total entrüstet, sie völlig entkräftet. Vielleicht war ihr das jetzt mal eine Lehre gewesen! Man musste seinen Menschen so früh erziehen, wie es nur ging! Die ersten Wochen waren doch die Prägephase! Was da nicht drin war, würde später nur noch mit harter Arbeit – und nur noch sehr schwer – nachzuarbeiten sein! Man konnte ja so viel falsch machen als Welpe! Und man hörte es ja auch immer wieder: Was Menschchen nicht lernt, lernt Mensch nimmermehr! Der Fall war sonnenklar: Wenn du dich *einmal* in die Tasche stopfen ließest, dann würden sie es gleich *noch mal* versuchen und dann noch mal und dann noch mal und dann noch mal …! Und ehe du dich versahst, verbrachtest du dein halbes Leben in der stinkenden Tasche! Also wehret den Anfängen …

Das tat ich, indem ich ihr das Stopfen in die blöde Tasche so unappetitlich wie nur irgend möglich machte! Und wenn ich dann nach Minuten des Kampfes doch *wirklich* da drin saß und angehakt war, spielte ich einfach nur verrückt. Ich rannte wie angestochen quiekend in der Tasche hin und her, dass es da drin nur so rappelte! Alle guckten schon: Hatte Mami da etwa ein gefährliches Genexperiment aus dem Labor mitgehen lassen? Free Calimero! Mist, warum hat mich eigentlich keiner Che Guevara genannt, das ist doch auch mit C …! Aber Caramba Caracho war auch schon gar nicht mal *so* schlecht gewesen, denn die neue Mami sagte auch immer nur: »Aaaiii, Carrrambaaa!«, wenn ich Mist baute. Ich hörte das eigentlich ziemlich oft, wenn ich es mir mal so recht überlegte …

Apropos: Ich *hasste* Fahrstuhl! Und ich *dachte* gar nicht daran, über diese blöde Schwelle zu tappeln! Nachher fiel ich da in den fiesen Türschlitz auch noch rein? Ich blieb lieber, wo ich war, sollte sie sich doch den Wolf an der blöden Leine ziehen … Mein Gott, auch das noch: diese Garnitur, eine freundliche Zugabe meiner Züchterin! Ein schlackerndes Minigeschirr aus pinkfarbenem Lederimitat, innen creme, mit silbernen Nieten – ging es eigentlich noch hier? Alle Weiber draußen kreischten entfesselt: »Wie süüüßßß!!!« Aber ich *bin* nicht süß! Ich möchte bitte gerne gefährlich maskulin aussehen! Und nicht wie eine milchzähnige Schwuchtel aus Kalabrien! Alleine in dem peinlichen Fummel blamierte ich mich doch schon vor allen anderen Hunden schlicht zu Tode. Und dann das Ganze auch noch in dieser verfickten Stinke-Tasche aufgeführt …! Darum war jetzt mal wieder Streik. Man nannte mich kurz Ghetti, mit vollem Namen dann: der schreckliche Mister Spa Ghetti! Und mein natürlicher Lebensraum waren Fahrstuhlschwellen. Darauf klebte ich, lang hingestreckt und fadendünn wie eine Langnudel im peinlichen Burstgeschirr. Selber schuld! Man konnte es nicht mehr ändern, so war es nun mal …

Und dann fuhr ich auch noch Mofa, also nicht ich

selber, aber mal wieder in der blöden Tasche. Das war aber eigentlich doch auch mal ganz cool, obwohl ich den Fahrtwind und den Krach nicht ganz so toll fand. Als Mama besorgt in die Tasche guckte, schielte ich nur absichtlich gelangweilt hoch, ohne den Kopf dabei zu heben … Aber getanzt habe ich dann doch nicht während der Fahrt.

Dann war ich in unserem Garten, über 300 Quadratmeter, *alles meins*! Gertrud von drüben war total begeistert von mir, ich durfte sogar über den Zaun gereicht werden und drüben dann auch mal gucken gehen. Gertrud war scheinbar gerne etwas leutselig, denn sie sagte ganz großzügig: »*Wir* hatten ja immer nur Schäferhunde! Das sind ja eher so, na ja, eben so *richtige* Hunde, gell …! So was Winziges wie er hier, na ja, hihi … Es ist dann halt jeder immer ganz anders, gell …« Das hielt sie wohl für diplomatisch. Die fand mich voll doof, ich wusste es sofort genau! Da drüben war es auch ganz anders als bei uns! Alles war da ganz ordentlich angelegt und die Beete wirkten wie gekämmt. Die hatten da ja sogar Gartenzwerge, Igel und Rehe aus abgenifftem, uraltem Plastik rumstehen …! Wie eine Geisterbahn aus den Sechzigern, und das auch noch genau auf meiner Augenhöhe, brrrr …! Ich wusste schon heute genau, was denen fehlte: Es war gelb, warm, viel und kam aus mir raus … Aber kommt Zeit, kommt Pipi. Und genau *das* sagte ich auch lautstark dem grenzdebil grinsenden Zwerg mit der kaputten Zipfelmütze und der doofen Schubkarre …

Etwas stressig für neue Mama, das Rasenmähen mit neuem Mops. Ich kannte das ja alles, also war ich schwerst entspannt und raste nur wie angestochen um den Mäher herum und duellierte mich akustisch mit ihm. Außerdem versuchte ich klarzustellen, *wem* hier all das feine Gras gehörte: mir! Mir alleine! Ich begann also umgehend in Rekordtempo zu fressen. Und zwar, das nervte Mami komischerweise jetzt, immer direkt vor dem Mäher, mit hektischem Blick auf seine Schnauze und immer bereit, schnell zu fliehen und dabei dann aber blöd herumzubrüllen. Es war doch alles wieder mal absolut logisch: damit *er* es nicht kriegte, aber ich! Mami schob mich 100 mal weg und sagte immer wieder: »Weide dahinten, wenn du keine Glatze haben willst!« Ich sagte dazu aber nur: »Lieber Glatze, als dem gierigen Mäher meine Grashalme zu gönnen!« Kurz – es blieb schwierig. Also für Mami …

Man beachte den zu allem entschlossenen Gesichtsausdruck.

Vierter Tag

El Diabolo machte Teatro grande, das war wieder mal ein harter Kampf! Lange sah es dabei unentschieden aus, dann lenkte mich aber ein Leckerli ärgerlicherweise ab und der Knopf der Killertasche schloss sich plötzlich über mir! *Das* passiert mir garantiert nicht noch mal, nie mehr Leckerlis, nie mehr! Aber das wäre ja nicht ich, wenn es bei *der* Schlappe jetzt geblieben wäre … Ich tanzte also Tango in der Tasche, als wäre ich jetzt völlig loco geworden, aber wirklich vom Feinsten! Rache ist Bluthund! Nein, Hundewurst! Wurstblut …? Egal, Mama war hinterher völlig entnervt, volle Punktzahl mal wieder!

Heute waren wir bei Mamas Steuerberaterin. Das Ganze fand ich schwerst bescheuert, da roch es irgendwie so anders und ich bin außerdem die ganze Zeit nicht aus der blöden Stinketasche rausgekommen! Dafür rächte ich mich dann später bei der Heimfahrt am Gleis. Mir war dann nämlich extrem fad, immerhin war *ich* ja entspannt und ausgeruht nach meinem ungenehmigten Aufenthalt in der bescheuerten Tasche! Also stieg ich kurzerhand und trotz Karabiner am Rücken oben aus, als ich kurz mal abgestellt wurde. Und mit der Riesentasche am Hintern stand ich dann unbeeindruckt da und guckte mir die Welt mal ohne die Gitterfenster an: Das war aber mal viel besser so! Viel Hurra haben die Wartenden dann da um mich herum gemacht, das gefiel mir und entschädigte mich fast etwas für den doppeldoofen Vormittag in der dreifach doofen Tasche! Oh, wie süß ich doch sei! Und wie knuddelig! Und wie mopsig! Mama war mal wieder *nicht ganz* so begeistert von dem ganzen Zirkus da um uns rum. Und weil ich mich, das hatte ich mir ja nun heute Morgen geschworen, nicht wieder einfach in die Tasche stopfen ließ, musste ich dann auf dem Schoß in der Bahn fahren. Erziehung ist ein konsequenter Prozess, man muss da auch einfach dranbleiben! Das ganze Gefussel von »Nur fünf Minuten Gassi am Tag« und »Gelenke schonen« … Wenn ihr mich fragt: Alles Mopsshit! Meine Gelenke waren ganz prima! Und ich war nicht zu schwer! Ich war genau richtig. Ein anderes Wort für perfekt …? Ganz klar: Mops!

Dann hatten wir auch gleich, weil es so passte, einen Stadtgang: mein erstes Kaufhaus, gähn. Meine erste Rolltreppe, schmatz, schmatz. Meine erste geheime Einschleusung in eine Lebensmittelabteilung, grunz. Aber da war dann am ersten Oktoberfest-Freitag aber auch richtig was los … Na, *das* musste ich mir dann mal unbedingt von Dichtem ansehen …! Mami happy, Arbeit gemacht, Wetter gut, mit Calimero in der Stadt flanieren gehen, ein perfekter Tag! Und alle lachten sie an, einige zeigten sogar mit dem Finger auf sie. Mami sagte zu mir kleinem Taschenwurm: »Meine Güte, heute schlage ich wirklich alle Rekorde, da bleiben sogar schon wieder zwei stehen und tuscheln über mich …! Sehe ich denn wirklich *so dermaßen* gut aus, heute, sag doch mal …!« Sie genoss die Show wirklich, *ich* hatte dann ja schon. Also die Show genossen. Ja, nun … mir war eben fad in der Tasche geworden! Und da hatte ich dann wohl, ganz aus Versehen natürlich nur, rein aus Langeweile, ohne besondere Absichten, an den Reißverschlüssen herumgespielt … Surprise: Reißverschlüsse sind schlauer als Möpse, die gaben einfach nach! Na, das habe ich dann mal als Einladung verbucht und stieg nach altbewährter Methode einfach aus. Tja, hatte ich mir ehrlich gesagt etwas anders vorgestellt, etwas glorreicher irgendwie. Denn nun hing ich plötzlich, am Minikarabiner, mit dem peinlichen Brustgeschirr, wie ein plattnasiger Außenborder, vierarmig wild rudernd, hinten an der Tasche dran! Mama freute sich wie ein Schnitzel, über zehn Minuten lang, dass wirklich *alle* sie so freundlich angrinsten und sich einfach freuten, ihre Schönheit hier zu sehen. Ich gönnte ihr diese paar glamourösen Minuten, in denen sie sich so schick vorkam … Ich arbeitete derweil energisch an meinem Freiluft-Schwimmstil weiter und übte mittlerweile sogar schon das Kraulen. Da plötzlich drehte sie sich nach mir lufttretendem Wurm um und sagte überrascht irgendwas von sich verändernder Schwungmasse … Sie nahm sich die Tasche von der Schulter und hielt sie auf Armeslänge interessiert von sich weg. Ich erstarrte, ließ alles hängen und glotzte sie aus dem viel zu großen Geschirr freundlich an. Dann faselte sie schockiert irgendwas von irgendwelchen Affen, die sie wohl lausen würden! Ich sah keine Läuse, keine Affen und machte daher einfach weiter mit meinem lausigen Affentheater … schwimm, schwimm, schwimm! Ich ließ mich nämlich leider, Pech für Mami und alle anderen anwesenden verlausten Affen, jetzt nicht mehr in diese verdammte Tasche reinstopfen. Meine Geduld hatte restlos ein Ende! Sie musste das doch nun mal bald lernen, Herrschaftszeiten …! Dann gab sie wirklich entnervt auf, nannte mich fortan nur noch Höllenwürmchen und ich kam an der Leine, wie ein ganz echter Hund, mit. An meinem zu großen, steifen, pinkfarbenen Plastikgeschirr, das an mir aussah wie ein Scout-Tornister am Erstklässler …

Da standen dann zwei grün angezogene Männer mit Schirmkappe und ich latschte erst mal gemütlich rüber und pinkelte eine geschlagene Minute lang einen riesigen See direkt vor deren Füße. Irgendwie hatte ich verschwommen den Eindruck, Mama war das ziemlich peinlich, aber der See war groß genug, an mir hatte es dann bestimmt nicht gelegen! Die Männer grinsten mich an und Mama wechselte die Gesichtsfarbe, passte dann fast zu den Jacken. Ich musste aber wieder los und konnte da jetzt nicht ewig rumstehen. Ich war doch nun immerhin ausgebrochen, um hier mal was Anständiges zu erleben! Dann ließ ich mich allerdings vollkommen anstandslos in die Tasche stecken, denn ich war total erledigt vor Schreck. Ein großer Hund tauchte nämlich plötzlich, wie aus dem Nichts, auf und küsste mich von oben direkt auf die Schnauze … Huch!

Fünfter Tag

Ich habe meinem Menschen heute wieder was beigebracht! Gleich zwei Sachen auf einmal, sie gab das aber auch einfach her und man musste seinem Menschen ja auch immer mal wieder etwas Neues anbieten. Ich hatte da doch diesen Trick entwickelt, von wegen El Diabolo und sein tückischer Taschentrick! Der ging so: Mama stopfte mich rein, ich klammerte mich aber vorne an den Taschenrändern fest, ungefähr wie ein Eichhörnchen! Mama hakte mich dann also entschlossen aus und stopfte mein Vorderteil nach unten rein. El Diabolo aber sprang hinten sofort, wie ein Flummi, wieder hoch und gab die Fledermaus im Männerspagat! Dann steckte ich zwar jetzt vorne im Schlamassel, aber hinten klammerte ich wieder an den Taschenrändern dran! Also hakte Mami dann jetzt hinten die Fledermaus ab und, schwups, tauchte vorne das Eichhörnchen dann schon wieder auf. Und dieses fing dann sofort an, hinten wie begast zu strampeln! Das machten wir dann viele Minuten so … Mir wurde bestimmt nicht langweilig dabei! Ich hoffte ja immer nur, Mami gäbe dann *endlich* mal auf, auch weil es so verdammt sinnlos war – und dabei kein Ende abzusehen! Aber Mami gab trotz der Todesschleife der Ereignisse nicht auf. Mami musste also auch so eine Art Mops sein! Mit *der* Nummer hatte ich nun schon zwei Bahnen verpasst … Was wird als Nächstes passieren? Schaltet wieder ein bei: El Diabolo, der Schrecken der Welpentasche!

Noch was gelernt! Wenn ich mich im Fahrstuhl auf Handzeichen und Kommando »Sitz« brav hinsetzte, gab Mama mir ein leckeres Guti. Das klappte wirklich jedes Mal …! Ich musste schon sagen, dass Menschen so schnell lernten, hatte ich ja gar nicht gewusst! Aber es machte auch Spaß, seinen Menschen zu trainieren. Gerade wenn man merkte: Der Mensch macht mit und es bringt ihm auch was! Ich meine, ist ja auch besser für ihn selbst, wenn er gut erzogen war! Und er wollte sich ja sicherlich auch nicht blamieren auf der Hundewiese – vor meinen ganzen Kumpels später. Denn dann könnte ich sie ja auch wirklich nirgendwo mehr mit hinnehmen, außer in einer Tasche, und sie müsste dann zu Hause bleiben! Wenn Mami so weitermachte, ging ich mit ihr vielleicht sogar mal auf eine Ausstellung …? In die Showlinie, sie ist ja hübsch und schlank … wer weiß? Ich wollte ja auch unbedingt ein Weibchen! Die sind leiser, riechen besser, besitzen mehr Fantasie bei der Fütterung und haben kleinere Füße … Heute war dann allerdings dann doch wieder einer dieser Tage! Man kann es einfach nicht voraussehen, wie sich Mamis immer so über den Tag entwickeln …

Heute klappte alles bis mittags ganz super mit ihr: Sie gab Gutis und ließ die blöde Tasche weg! Morgen konnte es aber auch alles wieder ganz anders sein und man musste völlig von vorne anfangen! Aber wir Möpse waren ja zum Glück sehr geduldig. Manchmal hieß es allerdings, Möpse seien gar nicht wirklich *geduldig*, sondern einfach nur wahnsinnig *stur*. Das kann ich so aber leider nicht unterstreichen! War es etwa stur zu nennen, immer wieder an einem antiken Tischbein zu nagen, wenn es mir denn nun mal schmeckte? Wir Möpse würden doch niemals irgendwas Verrücktes einfach so, aus reiner Blödheit machen, wenn wir keinen Nutzen davon hätten! Und das Aroma eines Tischbeines von 1880, Eiche, dunkel gebeizt … Das hatte einfach so was verträumt Nostalgisches im Abgang. Da fühlte man sich doch sofort wie Effi Briest, die am Tischbein nagte. Oder sogar wieder wie einst als Palasthund beim Möbelnagen am Hofe …

Mittagessen war super. Ich hatte Weichreis und Stampfmöhrchen mit Joghurt und Dosenfutter … War das eine Pampe! Herrlich! Man musste sich das bei weit offenem Mäulchen ganz laut reinschmatzen. Und dann immer weiter nachschmatzen und gleich noch mal, weil sicher ist sicher! Und weil außerdem alles immerzu am Gaumen klebte … Herrlich! Mami sagte: »Seht an! Borsti, das kleine Prachtferkel haben gelluncht …! Und man kann die Speisefolge super am ganzen Körper ablesen! Komm, ich schüttele dich mal kurz über dem Balkon ab, du bist ja sicherlich schon ziemlich getrocknet …«

Ab nachmittags war es dann aber schon wieder *nicht* mehr ihr Tag! Erst ewige Diskussionen wegen des angenagten Tischbeins … Dann Diskussionen wegen des angenagten Balkontisches … Das Aroma erinnerte mich aber nun mal an sonnige Abende auf der Hazienda! Dann auch noch Diskussionen wegen des angenagten Stahlhandlaufs von der untersten Küchenschublade … Ab und zu musste eben einfach auch schon mal was Stärkeres her, das geschmacklich dann nicht so auftrug!

Das ist wie der eingelegte Ingwer beim Sushi … zur Geschmackskorrektur. Aber dann schon wieder Diskussionen wegen des angefressenen Bücherkorbs … Und *dann* sollte ich draußen auch noch müssen müssen, obwohl ich aber gar nicht müssen konnte! Als Mami dann eine viertel Stunde nach diesem unnötigen Gewaltakt erkennen musste, dass mir schon weit *vor* diesem Versuch längst der Hintern auf dem Parkett geplatzt war, dämmerte ihr wohl was. Nur was …? Bei Menschen weiß man das immer nie so genau. Und man weiß auch nie, ob es nach der Dämmerung dann eventuell noch dunkler ist, als schon vorher …

Ich war das nich'. Und wenn doch, dann hat sie das auch so gewollt.

Sechster Tag

Shopping. Bah, ich hasse Shopping! Shopping hieß nämlich: *Ich* musste in die Tasche und dann passierte nichts weiter! Als sie mich im C&A auf den Boden stellte, hatte ich keinen Bock mehr und stieg einfach aus. Ich sah im Augenwinkel, wie sie unaufmerksam der Tasche hinterherblickte und wohl so was dachte wie: »Komisch. Da läuft ja 'ne Tasche an mir vorbei. Die kenn ich doch von irgendwoher …« Dann fiel es ihr plötzlich ein, woher sie die kannte … Menschen! Das neuerliche Freiheitsbedürfnis meiner zarten 2,5-Kilo-Person führte jetzt leider zu einer Verschärfung der Haftbedingungen! Die Zeit der Ausbrüche aus Alcatraz sind vorüber. Sie hatte ungelogen zwei neonfarbene Leimzwingen aus ihrem Spielkistchen gezerrt und verminte jetzt damit oben die Tasche. Ich *hasse* Leimzwinge! Ich *hasse* Tasche! Ach, ich wiederholte mich? Ja, aber das taten meine Probleme leider auch! Jetzt hatte ich auch noch ein neues Problem zusätzlich: Wie das wieder aussah! Als schleife sie einen schwer erziehbaren Welpen im offenen Vollzug mit sich herum! Ohne Bewährung. Wirklich eine endpeinliche Performance wieder mal …

Sie legte sich danach völlig erledigt auf das Sofa und ich war in meiner Piranha-Stimmung: Schnappi, das kleine Mopsodil! Aber ich kam und kam nicht oben ran! Da half dann nur eines: üben, üben, üben! Und während ich wie ein Gummiball auf und ab sprang, um endlich auch mit aufs Sofa zu kommen, kotzte die eine Katze derweil ein bisschen vor sich hin. Mama hielt sich angeekelt die Ohren zu und tat so, als habe sie nichts davon gehört. Ich schlenderte dann mal gelegentlich rüber, um zu gucken, was da geliefert wurde … Hey, das roch ja ganz frisch! Und es war ja auch tatsächlich gerade erst gefressen worden. Und ich *mochte* Katzenfutter! Dann auch schon vorgekaut das Ganze, noch handwarm, und ich voll im Wachstum! Na ja, was soll ich sagen … Ich hatte mich dann nicht im Griff. Mami jaulte und rief so was wie: »Calimero, nein, pfui, hör auf, sonst muss ich auch gleich kotzen, oder du, oder wir beide! Iiieeehhh …!« Pöh, zu spät. Sie schlief wieder geschwächt ein. Und wachte erst wieder auf, als *ich* dann das aufs Parkett gekotzte, reingefressene Katzenfutter dann *auch* wieder ausreiherte. Was die Katze dann nicht geschafft hatte, brachte *ich* dann aber leider spielend fertig. *Sie* hatte sich ja nur auf dem Parkett ausgeleert, *ich* recycelte dann das Zeug im hohen Bogen direkt auf den weißen Wollteppich. Da war sie dann wach, die Mami. Tja …

Siebenter Tag

Einer dieser Tage! Zuerst holte sie mich morgens aus dem Laufställchen und ich freute mich. Das Rumgerenne und das Mit-dem-ganzen-Körper-Wedeln drückte mir dann mächtig auf die Blase. Aber da lag ja nun dieser Teppich. Als der Druck endlich weg war, spürte ich dann prompt auch schon die Darmkontraktionen. Huh, wie das kniepte! Und der Reis vom Vorabend wollte dringend wieder raus an die Sonne! Einige Dinge dulden einfach keinen Aufschub, dazu gehören rohe Leber und Darmkontraktionen. Wie gesagt, da lag also dieser Teppich … Irgendwann kam Mami dann auch mal gemütlich angeschlurft: angezogen und gekämmt. Ich war ja dann schon völlig leer, wegen *mir* mussten wir also nun nicht mehr raus …! Also hüppte ich blöd in der Wohnung rum und musste erst noch ewig eingefangen werden. Sie wollte irgendwie dringend raus, und zwar nicht alleine, also ging ich eben freundlicherweise mal mit. Aber sie musste gar nicht. Und *ich* hatte ja schon. Ich checkte einfach nicht, warum wir um sieben Uhr morgens in einer nassen, kalten Wiese rumstehen sollten! Sie sagte immerzu: »Pipi! Mach Pipi! Und mach – Sachen! Du weißt schon: Sachen!« Aber ich grinste sie nur fett an. Der kategorische Imperativ im Präsens war eindeutig die falsche Zeit für dieses hohe Anliegen! Dafür benahm ich mich dann aber auch dementsprechend unzielgerichtet, auch damit wir nun nicht *völlig* umsonst draußen gewesen waren. Außerdem hatte ich ja auch nix zu tun … Irgendwie war es schon auch komisch (das ahnte *sie* da aber ja nun noch nicht). *Sie* wartete auf irgendwelche Wundertaten von mir und wusste dabei aber nicht, dass sie sich schon *sehr bald* noch *sehr viel mehr* wundern würde …! Ich nagte dafür engagiert an jeder Vogelbeere und besuchte persönlich jedes einzelne Blatt am Weg. Und obwohl keiner von uns irgendwas machte, brauchten wir dennoch prompt die doppelte Zeit! Aber das ist eben auch Mops-Verantwortung: Unsere Menschen brauchen Unterhaltung und etwas, womit sie sich beschäftigen können. Komischerweise auch (Möpse rätseln seit nunmehr fast 5.000 Jahren darüber) jemanden, dem sie morgens beim Kacken zugucken konnten. Tja …

Dann im Garten war es so schön! Mama versuchte Pilze und Unkraut aus dem Rasen zu zupfen. Betonung auf: Sie versuchte es! Aber sie hatte da wohl nicht mit mir gerechnet … Ich wollte nämlich *auch* Pilze rupfen und ich wollte *auch* Äpfel aufsammeln und ich wollte *auch* Unkraut ziehen – und sogar *auch* Blätter aufsammeln, wollte ich …! Aber ich wusste ja nun dooferweise nicht so genau, was da eigentlich gemacht werden sollte. Daher sprang ich einfach immer schnell hinzu, wo immer *sie* auch gerade hinlangte. Ein Mops ist da, wo er gebraucht wird, an vorderster Front! Menschen haben ja nur wenig Durchhaltevermögen, so jammerte Mama nur die ganze Zeit, ihr Arm täte ihr schon total weh und ich solle endlich woanders Mist bauen gehen …! Und das bloß, weil sie mich dauernd von jedem verdammten Pilz, Blatt, Apfel und Kräutlein vorher wegschieben musste. Musste sie ja gar nicht! Es wurde dann dunkel und wir waren natürlich immer noch lange nicht fertig. Komisch, dass Menschen immer so rumtrödeln … An mir hat es jedenfalls nicht gelegen: Ich war da, wo die Arbeit wartete!

Der Taschenflip

El Diabolo hatte wieder seinen Auftritt heute … Ich konnte was Neues! Ich musste das geträumt haben, oder es ist einfach nur eine höhere Eingebung gewesen. Oder Mami hatte mich irgendwie drauf gebracht, jedenfalls war sie *sofort* voll drauf eingestiegen und hatte sofort geschnallt, worum es hier ging! Ich nannte es den »Taschenflip« tanzen! Anstatt Eichhörnchen, Stepptanz und Fledermaus tanzte ich jetzt zu der unhörbaren Musik von den Bee Gees »Stayin' alive« …! Die Choreographie in aller Kürze: Ich hing also jetzt vorne rechts und hinten links voll eingekrallt am Taschenrand fest (Musik: Instrumentalteil). Dann versuchte Mami mich reinzustopfen und drückte mich runter. Ich aber war unter voller Spannung, mein Köpfchen war hochgehoben, der Hals giraffenlang. Manchmal japste ich auch noch blöd mit offenem Mäulchen. Mein Rückgrat federte im Takt auf den harten Taschenrändern (Musik: »Ah! Ah! Ah! Ah! Stayin' alive! Stayin' alive!«) Mami drückte Robin runter, der kleine Bee Gee gab aber nur scheinbar nach und wechselte dabei blitzschnell die Stellung! Und schon war jetzt Barry am Drücker: vorne links und hinten rechts eingekrallt! Und jetzt alle im Takt: Federn! Federn! Federn! Dann kam Muttis Part und die sang dann wirklich: »I'm going nowhere …! I'm going nowhere …! Somebody help mee-hee …!« (jetzt wieder Instrumentalteil). Yeah, Leute: Das groovte aber mal wirklich …! Dann war ich irgendwie abgelenkt oder Mami rappelte an der Tasche rum oder der Luftzug, möglicherweise auch eine plötzliche schlaffe Lähmung, ich weiß es ja auch nicht! Jedenfalls war ich plötzlich in die miese Tasche reingestopft und die peinlichen Leimzwingen verhinderten einen weiteren gezielten Ausbruch als swingender Bee Gee.

Hey, psssst! Ich komme nach München! Weitersagen!

Molli

Ich war so was von sauer! Im Backofen wohnte doch tatsächlich ein kleiner schwarzer Hund! Ein Mops wie ich! Und er lief da drin spazieren! Ich habe ihn hinter der dunklen Glasscheibe gesehen und er hat mir alles nachgemacht! Echt unmöglich! Der hat sich mir nicht mal vorgestellt! Ich sagte ihm, wie blöd ich das fand. Laut. Und lange! Dann kam Mami und sofort Schluss war mit dem Gespräch. Er hat sowieso nicht geantwortet, so ein Rüpel! Aber dann hatte *ich* plötzlich wieder mal ein Gespräch: wegen Bellens in der Wohnung und Sich-doof-Benehmens, das Übliche eben, blablabla …

Aber dann ging es endlich raus und da war dann plötzlich ein wahrer Volksauflauf! Es standen irgendwelche Zahnärzte auf der Wiese herum mit Assistentinnen und Frauen und alles! Die gehörten alle zu Moolliiee … Und jeder und alle riefen durcheinander, dass *ich* endlich da sei, wie putzig ich wäre, wie süß ich doch sei und dass sie mich alle lieben würden. Und dann nahmen mich alle nacheinander auf die Arme und knuddelten mich ab. So viele Ohren anzukauen! So viele Haare nass zu knabbern! So viele Brillen von den Nasen zu stupsen: ein typischer Montag eben, aber auch ganz schön stressig! Es wollte immerhin jeder hinterher ein feuchtes Gesicht haben und so viel hatte ich ja gar nicht vorgetrunken … Aber: Ein Job ist ein Job!

Und dann sah ich *sie*! Molli. Oder auf Ungarisch: Moolliiee! Ein sandfarbenes Mädchen. Mit dem klassischen Marzipanschweinchengesicht, das jemand in ganz dunklen Kakao gestupst hatte. Eine Schönheit mit Knopföhrchen! Die glänzenden Kulleraugen! Ihr puderfarbener Hintern! So dick und rund! Und ihre Falten, wie sie über das rote Geschirr quollen, einfach zum Anbeißen! Wenn ich mal groß war, heiratete ich auf jeden Fall immer nur Molli, das wusste ich aber mal sofort! Sie war wild, oh, là, là, die Kleine wollte es wirklich … Also spielen! El Diabolo machte erst ein bisschen auf Macho, so von wegen: »Hey, nicht anfassen hier …!« Aber dann, als ich sie gehen sah, so von hinten, da war es dann vorbei mit der vornehmen Zurückhaltung! Wir kugelten ab da wie zwei entfesselte Wildschweine durch die Wiese. Grunzend, schnappend, japsend, seufzend, sabbernd, ächzend und ständig umeinander wetzend … Wie zu Hause: ein ganzes Schnäuzchen voll mit Mops macht so glücklich!

Die Leute wirkten da ja alle ganz schlau so weit, bis auf den Zahnarzt, ich glaube, der ist der Doofste von denen da! Nett, aber echt doof! Er sagte nämlich die ganze Zeit, dass sein Mops Moolliiee niemals *so* klein gewesen sein konnte! Sondern immer schon so groß wie jetzt! Und auch schon immer so dick! Das war doch doof, sagt doch mal selber, aber er bestand felsenfest darauf! Sara, seine Frau, sagte immer wieder, dass er einfach spinnen würde und schon immer gesponnen hätte, aber Molli zwinkerte mir nur zu. Ach so! El Diabolo begriff sofort: Sara ist Chef, Zahnarzt ist nix! Er ist nur Molli-Taxi! Aber seine Schürsenkel schmeckten dann klasse: Zahnarzt-Senkel-Salat mit Molli-Spucke-Dressing: eine Delikatesse!

Zu Hause erzählte Mami mir dann, was das mit Moolliiee da eigentlich auf sich hatte. Dass ich nämlich überhaupt nur hier war, wegen Moolliiee … Fand ich gut!

El Diabolo

Heute wieder Molli! Morgens, mittags, abends … Das Leben war ja so herrlich! Und Sara war auch herrlich! Sara kam aus Ungarn und spriecht gaanz koomiesch. Immer wenn sie mich sah, schrie sie: »Oh, Kalliemärroo, biesst du schon wiedärr gewachsän heutä Nacht!« Genau, El Diabolo ist ein genetisches Wunder und wächst heimlich aus seinem Fellchen raus …! Und Sara hatte auch noch so leckere Trainingsgutis! Und immer wenn sie »Moolliie, ko-omm!« rief, wetzte ich vorsichtshalber auch mal hin, denn ich bekam dann auch immer ein Trainingsguti ab! Mami kriegte von der Show nichts mit, aber Mami rief und rief und rief nach ihrem kleinen Calimero, aber der kam nicht! Weil der hieß ja jetzt auch Moolliie …! Und weil Calimero sowieso nicht vom Fleck ging, pflückte ihn Sara dann auch noch immerzu vom Gras ab und hielt mich ganz dicht an ihr Gesicht. Dann schrie sie: »Oh, Kalliemärroo, iiich liieebää diich! Du biesst soo süüß!« Genau, El Diabolo haut euch Puppen alle aus den Söckchen …

Zu Hause bin ich dann wieder mal dem Mops, der im Backofen lebte, begegnet. Dem hab ich vielleicht diesmal die Meinung gegeigt: Hah! Die doofen Miezekatzen sahen dann beide danach aus wie geplatzte Sofakissen, ganz bauschig überall. Denen hatte ich dann nämlich *auch* gleich mal die Meinung gesagt, weil ich schon mal gerade dabei war. Erstens wegen der unmöglichen Frisuren und zweitens, weil die eben einfach so doof waren. Ich weiß nicht, *wie oft* ich die jetzt schon zum Spielen aufgefordert hatte, aber die checkten es einfach nicht! Die guckten nur doof, fauchten rum, machten einen Buckel, tänzelten blöd – und dann lagen sie doch wieder nur irgendwo im Weg! Ich hatte die jetzt auch schon so oft verfolgt, wenn sie abgehauen sind – ganz so, wie man das als höflicher Hund eben so machte, und *die* …? Drehten sich um und klatschten mir voll eine aufs Hirn! Mit Krallen und alles! Unmöglich, aber echt! Besonders die dicke Perser ist mies … Zuerst hatte die total Schiss vor mir, noch mehr als ich vor ihr. Aber dann merkte die schnell, dass ich mich auch vor ihr gruselte und kriegte prompt sofort dicke Arme …! So von wegen nachhaschen, wenn ich vorbeiging … Das nervte doch voll!

Am allerlustigsten fand ich es aber ja dann, wenn wir nach Hause kamen! Die Perser stand dann immer in der Tür, wollte ihre übliche Begrüßungsarbeit machen und sich dabei dann mächtig wichtigtun – und dann kurz ins Treppenhaus flitzen … Aber auf der anderen Seite stand dann leider jetzt immer *ich*! Und Mama sagte zur stets entsetzt zurückprallenden Perser: »Tut mir leid für dich, aber ich hab es wieder mitgebracht …!« Genau, du elender Fettwanst, El Diabolo war zurück …

Heute habe ich notgedrungen mal wieder etwas Erziehung mit Mami gemacht, man darf es nicht schleifen lassen. Immer wenn Calimero angewetzt kam und putzig guckte, gab Mami ihm ein Leckerli. Und sie quiekte dabei so glücklich herum so von wegen »Braav! Koomm! Feeiin!« Das sollte mich wohl irgendwie bestätigen und damit manipulieren, mehr davon zu liefern …? Aber auf solche dünnen Tricks fiel El Diabolo nicht rein! El Diabolo fiel nur auf Leckerlis rein …

Mopsball

Das Beste an den Miezekatzen ist, dass sie ja auch was fraßen! Das Katzenfutter roch immer so gut … Und El Diabolo war ihm stets auf der Spur. El Diabolo hatte dazu nämlich schon mehrere raffinierte Tricks erfunden! Einer ist zum Beispiel, zu warten, bis eine von den Fusselhirnen endlich mal fertig da am Napf war … Um sich dann von hinten leise ranzuschleichen und schnell mit dem großen Aufräumen anzufangen, während die andere noch blöd glotzte! Mama ist mir leider jetzt draufgekommen … Darum hatten wir Mopsball miteinander gespielt, und ich musste sagen: Ich war mal nicht schlecht als Libero! Das Katzenfutter war das Tor und der Libero (also ich) wollte dahin. Mama war als Abwehr und Torhüter allerdings leider Weltklasse! Der Libero (also ich) drang immer wieder vor, nutzte jede Lücke in der Abwehr, aber es war chancenlos! Minutenlang ging das so, aber der Torhüter Mami wurde nicht müde …! Weil sie nicht jeden Tag Fußball spielen konnte, stellte der Torhüter jetzt auch noch das Tor nach oben, wenn die beiden Flohbeutel fertig gefrühstückt hatten. Jetzt konnte Maradonas Lichtdouble nur noch von unten schmachten: Tor weg, kein Elfer mehr, Libero arbeitslos … und das schon in diesem Alter!

Der nächste Trick von El Diabolo war die Schocktherapie: nämlich die Miezekatzen einfach zu verbellen. Ich machte dazu einen auf total empört und brüllte rum, das wäre *mein* Futter und weg da, die üblichen Klauseln an Näpfen eben … Mama stand da aber leider *gar nicht* drauf! El Diabolo wurde ruhmlos abtransportiert und im Laufstall inkarzeriert. Schwache Performance, Mist …

Der beste Trick war jetzt dann El Diabolo als Staubsauger … **flupp, flupp, flupp,** saugte er die ganzen rumgeschmissenen Krümel und Bröckchen ein, welche die Fusselköppe so um die Näpfe rumgeworfen hatten. Außerdem war El Diabolo ein erstklassiger Napfausschlecker! Das konnte er minutenlang durchhalten, und keiner sagte was, weil ja gar keiner da war … Dann hielt ich meine krümelige Schnauze in den Katzen-Wassernapf und ließ formlos alles da reinfallen, was ich so aufgerüsselt hatte. Ja, ich schätze mal, ich war auch ein Magier und machte aus Wassernäpfen in null Komma nichts kleine Schlammpfützen … Wieder eine Erziehungsmaßnahme für Mami: Sie musste nämlich auch schnell zaubern lernen, um aus einer kleinen Schlammpfütze in der Schüssel immer wieder klares Wasser zu machen! Klappte ganz gut …

Hundefestival

Erst spielten Molli und ich in der warmen Herbstsonne, dann fuhren wir zu viert am Nachmittag zum »Fressnapf«, also das war ja wohl mal mein *absolutes* Lieblingsgeschäft! So machte shoppen doch wirklich Spaß, allein schon wie es da überall duftete! Ich durfte im Einkaufswagen auf einem Jackennest umherfahren und alle tätschelten mich im Vorbeirauschen und riefen: »Uhhh, wie niedlich ist der denn!« Genau, El Diabolo ist mal wieder fast furchterregend niedlich. Ich kriegte ein neues, flottes Brustgeschirr (mit Wachstumsindex) in Schwarz mit orangefarbenen Bremsstreifen angezogen. Das passte dann auch endlich mal zu mir, wenn es auch, so viel konnte ich euch ja heute schon verraten, keine allzu lange Tragedauer haben sollte. Grund: Die halbe Hundewiese, vom Pekinesen bis zum Münsterländer, trug genau dieses Geschirr! Mami schwenkte dann schon bald irgendwann auf handgearbeitetes Elchleder mit goldenen Ziernieten um. Das traf man dann nicht in jeder Schlammpfütze wieder, aber es war auch ein bisschen dekadent, fürchte ich …

Ach ja, und Molli kriegte endlich auch ihren »Hugo«. Eigentlich war das ja ein Katzenspielzeug, so ein komisches rosa Plüsch-Tentakel-Tier mit Katzenminze und Rassel drin. Aber ich stand ja nun mal total auf Katzenspielzeug! Und Molli dann auch, als ich das neulich mal mit draußen hatte. Außerdem musste Sara scheinbar alles nachmachen, was Mami mit mir machte … Komisch!

Da waren auf dem Parkplatz so ein Hundefestival und ein riesiges Getue mit ganz vielen Möpsen. Einfach weil Uschi Ackermann da auch mit ihrem übergewichtigen Mops Sir Henry herumturnte. Da waren deswegen wohl auch so viele Möpse als fusselige Groupies von Sir Henry dabei …? Und einige von denen, also unter uns mal, aber echt voll peinlich! Die waren teilweise *voll fett* und dabei *voll hässlich* und einige von denen hatten dann auch noch Lederhosen an! Ein älterer, fetter Mops trug sogar einen Hut mit Gamsbart …! Okay, wir waren hier zwar in Bayern und meine Zuchtmami hatte mich vorgewarnt, aber muss das denn wirklich sein …? Zuchtmami hatte mir gesagt, dass sie München nur empfehlen könne, aber dass die Leute da schon auch etwas speziell wären … Und ich solle auf jeden Fall immer tolerant sein! Tja, das fiel mir dann aber doch echt schwer, als ich sah, wie der fette, alte Mops dann tatsächlich eine lange Lederhose anhatte! Aber nur an den Beinen. Hinten im Schritt war sie natürlich offen, damit er sich nicht ins Beinkleidchen machte, wenn dann mal was anlag … Und zwischen den piekfeinen, maßgeschneiderten Lederhosenbeinen sah man dann die rosabraune Rosette, ich sag nur zweieinhalb Zoll, sah nicht schön aus, gar nicht schön …!

Mami kriegte ein Bier, eine Breze und einen Obazten mit roten Zwiebeln drin, der stank für mich wie ausgekotzte Ratte von vor einer Woche, urgs! Und als sie aus dem Mund dann genauso roch, kriegte sie auch noch ein Schild dazu, darauf stand: »19 – Calimero«. Dabei bin *ich* doch hier der einzige Calimero, oder was? Wieso kriegte *ich* kein Schild? Eine Frau sagte zu Mami: »Schreiben Sie dahin, was sie alles kann!« Die Ansage fand Mami schon endbescheuert, denn jeder konnte sehen, dass ich erstens kein Mädchen und zweitens erst 14 Wochen alt war. Immerhin trug ich deutlich sichtbar Welpenfell, Speckfalten und Milchzähne. Ich meine: Was sollte ich denn da wohl jetzt schon groß können? Norwegische Verben konjugieren oder bulgarische Volkstänze aufführen? Mein Frauchen schrieb jedoch ungerührt: »Sitz«, »Durchfall, verschiedene Farben. Auch flüssig«, »Schnarchen, drei Lautstärken. Mit röchelndem Grunzen in den höheren Tonlagen«, »Katzenfutter klauen und wieder erbrechen«, »Im Laufställchen randalieren«, »Socken klauen«, »Putzig gucken« … Die Frau las das Gekrakel mit hochgehobener rechter Augenbraue und fand, das wäre aber nicht *wirklich* sehr viel Programm …! Dann musste ich zur Identifizierung vorgezeigt werden. Nicht dass sich noch heimlich ein Goldfisch unter all die Möpse pirschte und dann wieder glorreich die obersten Preise abräumte. Kannte man ja: Goldi machte einen Kopfsprung aus mehreren Metern Höhe und konnte stundenlang unter Wasser atmen … Dann sah die unfreundliche Frau mich Würmchen an und hob die andere Augenbraue auch noch hoch. Vielleicht damit die erste nicht so alleine da oben rumschwebte? 14 Wochen jung, ach so … Mami sagte leicht genervt: »Wer lesen kann, ist immer klar im Vorteil!« Was genau hatten die bloß auf dem welligen Parkplatz vor einem Münchener Tierfutter-Discounter erwartet: Die kosmische Aureole, rechtsdrehend, solo, im Neuschnee getanzt?

Mami hatte mich eigentlich nur als Witz angemeldet, weil sie Lust gehabt hatte, nach toter Ratte aus dem Mund zu riechen, und weil sie sowieso zum Fressnapf gemusst hatte und wohl auch, weil Sara mit Molli da mal kräftig angeben wollte. Molli konnte aber auch nichts weiter, als doof rumhüpfen, goldig gucken, auf einer Pobacke sitzen und Leckerlis fressen … Ich Winzling kam dann im Wettkampf auch glatt nicht weiter, nicht mal als »putzigster Welpe« … Und das wäre ein Sieg gewesen, den ich schon in der Speckfalte gehabt hätte: Es gab immerhin nur mich da! Mami knurrte in mein Fellchen. »Die anderen da bringen aber auch garantiert nicht mehr, als du: Sitz, Durchfall und total doof gucken …!« Aber mein Mädchen räumte dann gleich mal den zweiten Preis ab! Ich war ja so stolz auf sie! Und ich kriegte auch einen Preis: die Welpenspaghetti aus dem gewonnenen Fresskorb …

Mama trank dabei weiter ihr Bier und schielte nach einem Mann hin, der hatte einen Zettel am Pulli mit »22 – Lenny«. Bei ihm war ein riesiger English Foxhound, der ganz geschmeidig wirkte. Mama kam dann noch, wirklich ganz zufällig, wie sie mir versicherte, mit dem 22-Lenny-Mann ins Gespräch und sie tauschten dann auch prompt die Telefonnummern aus … Ist das dann so, als wenn sich zwei Hunde an der Rosette schnüffeln …?

Hundespaghetti

Für immer werde ich diesen Tag den »Tag der Hundespaghetti« nennen! Mama gab mir nämlich draußen Hundespaghetti und dann ging es los: El Diabolo wurde verfolgt von Donna Specki (alias Moollliiee) und dann ging es über mehrere Runden in erbittertem Wechsel! Molli rannte so, dass ich sie gerade noch kriegen konnte, und sie hielt den leckeren Spaghetto auch so, dass ich immer mal rankam … Frauen eben: ganz niedlich, aber auch voll doof! Doch dann war El Diabolo endlich am Drücker! Und *der* hielt den Spaghetto eben dann genauso, dass sie eben *nicht* rankam! Zum Fressen kam ich aber trotzdem nicht, solange ich da so irre wie ein Flummi im Zickzack auf und ab springend herumwetzte. Aber Molli auch nicht! Unsere Menschen standen auf der Wiese und jubelten uns zu, riefen den Punktestand: »Eins zu zwei! Calimero: wetz!« *Das* ließ ich mir ja nun nicht zweimal brüllen! Es stand schließlich dann drei zu drei, die Menschen waren schon völlig entfesselt und hingen sich japsend in den Armen. Das Spaghetto-Teil wurde langsam, aber sicher immer länger und nasser … Kurz: Es musste dringend was Einschneidendes hier passieren! Irgendwann war das Ding dann pitschenass und total schlabberig. El Diabolo hatte mittlerweile eine gruselige Technik entwickelt, unter dem Wetzen den Spaghetto Stück für Stück in sich verschwinden zu lassen! Unsere Mamis brüllten herum, so von wegen kauen und nicht schlucken und Darmverschluss und schreckliche Geschichte von OP gehört … Aber El Diabolo kaute und wetzte und schluckte und kaute und wetzte … Und Mami rannte kreischend hinterher, wollte wohl auch was von dem Spaghetto, ganz klarer Fall. Aber da hatte sie mal wieder die Rechnung ohne den Mops gemacht! Letzter Zipfel verschwand in El Diabolos Innereien, er musste aber dann atemlos stehen bleiben dabei und Mami warf sich mit einem schrägen »Banssaaiii!« auf den armen, kleinen, vor sich hin rülpsenden Mops und zog die langen, nassen, stinkigen Hundespaghetto wieder aus ihm raus … Menschen sind echt eklig!

Dann kam da so ein komischer Hund, den Molli schon kannte, und ich bin dann natürlich mit hinterher. Der Hund war aber blöd, völlig verstört und das sagte ich ihm auch laut! Und sein Frauchen erzählte dann sofort vollkommen unaufgefordert die ganze Gruselgeschichte, *warum* ihr Hund denn eigentlich so blöd und verstört war! Mama wollte das gar nicht hören und Sara sowieso nicht. Aber da hatten sie schon wieder die Rechnung ohne den Wirt gemacht, denn diese Frau fing *sofort* an, atemlos alles auszupacken: »Haalloo! Das ist Tuppi! Tuppi hat so Angst vor anderen Hunden, weil sie mal ganz schrecklich von einem tollwütigen Rehpinscher angefallen wurde! Tuppi war schon auf dem Tötungshof! Tuppi wurde immerzu geschlagen! Tuppi ist ein ganz armer Straßenhund aus Spanien! Tuppi war fast verhungert …! Tuppi hatte Herpes auf dem Auge! Und Tuppi hatte sogar schon …!« Meine neue Mami machte ein Gesicht, wie ein beleidigter Reißverschluss und sagte nur: »Wie interessant – *für SIE*! Sorry, aber ich hab um dieses Schauermärchen echt nicht gebeten!« Ich für meinen Teil bin zwar nur ein kleiner Mops, aber *ich* will das ehrlich gesagt auch gar nicht hören! Konnte ich daran noch etwas ändern? Warum sollte ich dann jetzt noch darunter leiden müssen? Ich meine, wir Hunde untereinander sind ja auch nicht so: »Hallo, ich bin El Diabolo! Als ich mein Entwurmungsmittel gekriegt hatte, habe ich zwei Tage nur noch Sprühkacke geliefert! Das stank dann ungelogen wie tote Ratte …!« Und Tuppi sagte dann vielleicht: »Cool …! Ich bin Tuppi! Ich habe neulich an totem Vogel gekaut und danach original gekotzt wie ein Reiher! Das hat gestunken wie verwester Fisch, der schon drei Tage in der Sonne lag …!« So was würde kein Hund jemals tun! Aber Menschen: Kein Problem! Oder sind die untereinander, mal ganz ohne Hunde, etwa auch so zueinander? Nach dem Motto »Hi, ich bin Renato! Ich habe heute Morgen einen Popel in der Nase gefunden, der sah original aus wie Texas und war auch fast so groß!« Also wenn ihr *meine* unwesentliche Meinung dazu mal hören wollt: Vielleicht sollten *diese* Menschen das dann alles einfach mal kurz mit Ihrem Therapeuten durchsprechen? Der könnte es dann ja vielleicht sogar schaffen, dass die ihre ganzen unterdrückten Schmerzen nicht auf ein armes Tier projizierten, sondern die dann mal endlich selber durchlitten …? Es schienen aber dann wohl doch tatsächlich so einige Tuppis hier rumzulaufen … Ich würde mir also mal beizeiten was überlegen müssen, um Mami da dann jeweils elegant herauszuretten. Durchfall und Erbrechen vortäuschen vielleicht? Das waren ja immerhin *die* Allrounder im chemischen Waffenarsenal eines Hundes …

Welpenschule

Mein erster Besuch in der Welpenschule. *So* viele verschiedene Hunde hab ich ja noch nie gesehen! Ich war noch gar nicht ganz aus der verfluchten Tasche rausgekrabbelt, da warf mich schon ein wilder Collie um, und dann kam auch noch ein fetter Schäferhund. Mami machte schon wieder ihr Reißverschlussgesicht! So von wegen: Das ist ja alles *genauso übel,* wie man uns das vereinzelt auch schon immer mal wieder berichtet hatte …! Aber ich blieb völlig cool, El Diabolo ließ sich doch nicht so leicht schocken hier! Mama nieste und als sie nach dem Naseputzen zu ihren Füßen guckte, war ich dann mal wieder weg. Ich lag nämlich bereits begraben unter einem weißen Zwergpudel, der sah nebenbei gesagt aus wie frisch gehäkelt. Und als ich mit *dem* dann fertig war, sah er zwar immer noch aus wie gehäkelt, aber jetzt dann vollkommen dreckig. Ich hoffte ja nur leise, der war kalt waschbar, sah nämlich jetzt dann ziemlich gebraucht aus und gar nicht mehr schneeweiß flauschig … Aber sehr glücklich!

Wir übten dann uns die Ohren ausputzen zu lassen, das fand ich ja wohl sowas von megablöd. Ich sag nur: Aii, Carrambaa! Und dann sollten wir auf unseren Namen hin zu den Mamis zu kommen. Und alle riefen durcheinander: »Socke!« und »Otti!« und »Malcolm!« und »Püppi!« … Ich rannte zwischen ihnen hin und her, denn ich war sie alle: Socke, Otti, Malcolm, und auch wenn es peinlich war: Püppi! Nur Calimero war ich nicht. Konnte mich an nichts dergleichen mehr erinnern, nie gehört! Am liebsten war ich bei den beiden kleinen Mädchen mit den langen Spaghettihaaren! Wir küssten uns ständig gegenseitig ab und ich durfte dann auch sogar an deren Kopfspaghetti kauen. Auch sie quiekten wie glückliche Welpen und kugelten sich mit mir im Dreck umher … Und wenn *die* mich dann abriefen, dann wusste ich plötzlich auch wieder, wer ich war: Calimero natürlich! Ich war dann schon unterwegs! Mami stand die ganze Zeit leicht genervt ganz alleine da und durfte sich dann von der Leiterin noch milde überheblich anhören: »Na, *das* klappt aber ja noch nicht so *besonders gut*, gell …?« Mami stopfte daraufhin mich tauben Höllenwurm in die Tasche und machte die Socke, auf Nimmerwiedersehen …!

Dann kriegten wir später im Garten Besuch! Es war die Nummer 22 und der Riesen-Köter namens Lenny. Der Typ war so weit ja ganz nett, aber bei Weitem dann nicht *so* nett, wie Mami das sich wohl mal vorgestellt hatte … Und Lenny pisste erst mal an alle teuren Ziersträucher und markierte meinen Garten, bis der Arzt klingelte! Literweise ging das, ohne Unterlass, und auch ohne dass der Lenny-Mann ihn auch nur im Mindesten mal daran gehindert hätte. Er fragte auch nicht: »Ist die ganze Pisserei in deinem Garten überhaupt okay für dich …?« Mama hatte also dann schon wieder ihr Reißverschlussgesicht angezogen, und ich wusste: Der Macker mit seinem flüssigen Köter war bereits unten durch. Der wusste es nur als Einziger hier noch nicht! Doch dann unterschritt Lenny auch noch die letzte Skala nach unten. Er klaute nämlich nach der ganzen Kampfpisserei einfach mein nagelneues Spielzeug und biss es sofort kaputt! Und ich durfte nicht mal mitspielen! Der doofe Lenny knurrte mich sogar noch böse dabei an, obwohl das *mein* Garten und sowieso auch *mein* neuer Kauball war! Der Lenny-Mann sagte dazu das Übliche: gar nichts. Er fragte weder, ob das okay war, noch was Mami dafür bekäme. Er griff sich einfach grinsend ein weiteres Stück Käse vom Tisch und anstatt es selber zu essen, wie von Mami gedacht, fütterte er es dann einfach formlos Lenny. Zur Belohnung wohl. Er fand das scheinbar alles einfach total lustig hier … *Ich* fand das gar nicht mehr lustig, fand das auch nicht mehr normal, ganz im Gegenteil: Ich fand, das ging doch so nicht! Die konnten zukünftig mal beide hübsch wegbleiben hier! Vor Empörung schiss ich erst mal voll in den Rasen. *Das* ginge jetzt aber auch nicht, sagte Mama da. Pöh!

Bella

Ein ruhiger Tag. Ich brauchte also dringend etwas Aktion und machte dann mal gepflegten Mist … Das hob bei Mami nach ein paar Stunden den Blutdruck und beim diensthabenden Mops dann mal ganz klar die Stimmung! Zuerst war mir ja nur langweilig und ich zerpflückte eine Zimmerpflanze. El Diabolo hatte also wieder mal zugeschlagen! Dann spürte ich wieder dieses unerträgliche Kribbeln in meinen Zähnen und musste also ganz dringend was zerbeißen! Ich arbeitete mich dann von der angenagten Teppichecke über die Spaghetti aus der Wand bis rüber zum Spielkistchen. Und von da aus dann von der halb toten Fellkugel über Dogbert den Kuschelhund, bis hin zum nervenzerfetzenden Quietschekissen. Dann war das hässliche, aber wirklich laut quiekende, pinkfarbene Ententeil dran, und ich machte weiter bis zur Plastikfolie auf dem Teppich im Schlafzimmer … Angeblich lag die da ja nur wegen mir: von wegen heller Wollteppich … So was imponierte mir aber ja nun gar nicht und ich wusste leider dann auch von nichts! Als ich dann aber auch noch anfing, den großen Katzenkorb erst umzukippen und dann auch noch wild knurrend durch die ganze Wohnung zu schleifen, tickte Mami schließlich aus. Sie entfusselte mich Unschuldswürmchen erst mal gründlich, denn nachdem ich das Katzennest gestürmt hatte, sah ich aus wie unsere dritte Miezekatze … nur eben militanter.

Sie kriegte mich aber einfach nicht mehr zur Ruhe, also gingen wir dann eben endlich auf die Hundewiese …!

Das hatte aber wirklich mal wieder gedauert heute! Ich hatte einen dieser Tage: Wir brauchten mindestens bis hundert Uhr, bis wir dann endlich da waren! Da war heute nur so ein komischer Hund mit so einer dicken Frau in einer komischen Wolljacke. Sie sah aus wie eine Wurst aus Wolle und ihr Hund sah aus wie eine Wurst aus Fell … Ihr Hund hieß Bella, war null erzogen und haute ständig ab. »Ich mach hier nur Vertretung …!«, jammerte die grüne Wollwurst hilfesuchend Mami an. »Das ist ja gar nicht mein Hund!« Wenn Bella also stiften ging, auf zaghaft-zittrige Rufe null reagierte, rannte die Wollwurst immer leise jammernd hinterher. Sie rief dann mit ihrer piepsigen Stimme: »Beeellaaa … Kommst du bitte mal hierher …? Ich möchte bitte nicht, dass du da vor zur Straße läufst … Gell, kommst du mal bitte her, ja …? Ja …?« Mami war nach ein paar Minuten mit diesem seltsamen und unfruchtbaren Theater schon wieder leicht gestresst. Und als Bella dann auch noch die ganze Zeit ununterbrochen nervtötend bellte und mich und einen frisch angekommenen kleinen Pinscher die ganze Zeit über zusammentrieb wie eine Herde, wurde sie sogar etwas gallig und zeigte Zeichen des schnellen Aufbruches. »Beeeellaaa …!«, jammerte die Wollwurst die ganze Zeit verzweifelt. »Beeellaaa, ach bitte lass doch mal das ständige Gebelle, ja, sei so gut, ja …? Das ist doch nicht schön, nicht wahr? Lässt du das bitte mal, Bellalein … Ja? Ja …?« Sie wandte sich hilfesuchend an Mami: »Sie hört mir einfach nie zu …« Mami sagte im Weggehen: »Zu kurzer Satzbau! Kaum Genitiv! Zu wenig eingeschobene Nebensätze! Nur marginaler Konjunktiv! Viel zu wenig Kommas! Und: Denken Sie immer an den Plusquamperfekt … Den haben Hunde besonders gerne …!« Die Wollwurst hatte einen glasigen Blick und piepste schließlich aufgeregt irgendwann doch noch hinter uns her: »Ja, ja, ja, nicht so viel reden, ich hab das auch schon mal gehört. Aber das kommt mir dann einfach immer viel zu unfreundlich vor …«

Beim Kauknochen-Abnagen dachte ich dann noch etwas über diesen Nachmittag nach. Ich glaubte ja, schon nach meinem nur kurzen Aufenthalt in dieser Menschenwelt, dass Menschen selbst dann noch nicht verstünden, mit wem sie da eigentlich zusammenlebten, wenn man ihnen eine Gebrauchsanweisung des Erzeugers mit dazugäbe! Ich sah sie schon förmlich vor mir, wie sie da auf der Hundewiese diskutierten so von wegen: »Ach, mein Hund *versteht angeblich* gar kein Deutsch!« »Der Bello verarbeitet gar keine langen Sätze!« »Da schau, da steht, die Trixi kennt gar kein Bitte und Danke.« Und dann waren alle bestimmt ganz empört: »Hier steht, man solle nichts rechtfertigen und auch keinerlei Erklärungen abgeben …! Wie unfreundlich ist *das* denn bitte! Immerhin leben wir doch hier in einer Demokratie!« »Hier steht: Man solle bloß ›Wuffel: hier!‹ rufen … Das könnte ich nicht! Das ist ja wie beim Kommiss!«

Hunde wussten so was ja schon alles, seit sie ganz winzig waren … Ich meine: Papa hat ja auch nachmittags keine Pi-Mail in die Rabatte gepinkelt, wenn ich ihm irgendwann mittags dann mal auf die Nerven gegangen war: »Als du heute Morgen an mein Futter gegangen bist, hatte ich dir schon zu verstehen gegeben, dass ich das gar nicht mag. Leider hast du das völlig ignoriert, wahrscheinlich warst du da gerade mit Fressen beschäftigt! Also noch mal zum Mitschreiben: Wenn ich knurre und die Ohren nach hinten ziehe, dich dabei aber nicht angucke, heißt das: ‹Du nervst! Schieb ab!› Liebe Grüße. Pi-Es: Bitte sag Roberta, dass ihr Kauball hinten im Planschbecken liegt, sie sucht ihn schon den ganzen Tag! Bussi Pa.«

Zu Hause wurde es dann aber wirklich bizarr! Mama holte sich *meinen* Fressnapf aus dem Kühlschrank und *sie* aß daraus jetzt *mein* Futter! Direkt vor meinen Augen! Und ganz allein, ohne mich! Also da hörte dann ja wohl alles auf! Na, der habe ich vielleicht die Meinung gegeigt! Da hat die mich dann doch irgendwann glatt in mein Ställchen gesetzt und nun musste ich wirklich ganz alleine das Lied vom toten Fisch singen. Und wie ich sang! Sie versuchte mir später zu beweisen, dass das nicht *mein* Näpfchen gewesen sei, sondern ein Napf, der ihm nur *zufällig* etwas ähnlich sah, der aber *eigentlich* eine Küchenschüssel mit Salatresten drin war … Aber ich ließ mich hier doch nicht für blöd verkaufen! Ich war El Diabolo, die schlaue Fressmaschine aus Palermo! Und außerdem ein Blitzmerker mit Vordiplom! Ich schrie in meinem Laufstall eine geschlagene viertel Stunde lang wie am Spieß. Und ich hörte erst dann wieder schlagartig damit auf, als ich *auch* Essen aus meinem Napf bekam. Mitten am Tag, um viertel nach drei. Mir doch egal, Frechheit!

Waldi

Jetzt, wo ich schon immer auch etwas länger laufen durfte, war ich manchmal auf einer schönen Wiese mitten im Wohngebiet, da ist alles voller alter Bäume und so schön grün! Und ich war ganz erstaunt: Da gab es ja noch viele andere Hunde, nicht nur Molli und mich! Da gab es auch einen jungen Dackel, der war sehr wild, sehr hübsch und hieß Waldi. Ich hing ja total gerne mit Waldi rum, das war mir sofort klar! Waldi war so ein richtig typischer Dackel, der spielte viel mehr und viel wilder als Molli. Molli stand ja meistens eigentlich nur herum und machte dann lange gar nichts, außer eben rumzugucken. Aber Calimero war doch ein kleiner Junge im Wachstum, und der wollte sich jetzt gründlich schmutzig machen hier! Molli guckte nur muffelig, ganz so, als wolle *sie* sich auf gar keinen Fall schmutzig machen! Sara war stolz auf ihre kleine Tochter, so lieb und so brav war die immer … Ich dagegen! Ja, Calimero wollte draußen eben nicht Teeparty mit Barbies spielen! Calimero wollte wilde Jagden, Prügeleien, Matsch-Schlachten und Rennen mit Knurren mitten durchs Gebüsch! Molli mochte Waldi nicht, das war schnell klar. Und Waldi fand auch Molli doof. Sara zog dann mal wieder ihre Nase hoch, blieb bockig nur noch auf dem Weg stehen, weit weg von uns, und telefonierte laut auf Ungarisch. Sie sagte auf dem Heimweg, immer noch mit hoher Nase, Molli fände Waldi zu dumm und Molli sei eben einfach eine kleine Prinzessin, die so was nicht möge! Ich fragte mich das ja nun schon länger: Wer da wohl wirklich nicht wollte, dass Molli sich wie ein grunzendes Warzenschwein im Matsch suhlte und sich nach Herzenslust herumprügelte …? Calimero war damit aber leider auch in einer kleinen Krise, seiner ersten! Denn ich mochte beide Hunde ja so schrecklich gerne, nur auf andere Weise eben! Aber wenn ich mit Waldi abhing, war Molli plötzlich beleidigt, eifersüchtig und schnappte dann sogar fauchend nach mir, wenn ich mal vorbeikam. Einfach mal gucken, was sie da gerade so guckte! Das fand ich aber ein wirklich doofes Verhalten. Also kam ich nicht mehr gucken, was Molli so guckte. Ich brauchte wirklich keine Ohrfeige fürs Nettsein! Sollte sie doch viel lieber mitmachen hier, wäre auch gut für die Figur …!

Das Frauchen von Waldi kam mir dann aber etwas sonderbar vor. Sie war schon älter, aber unbestimmbar. Spindeldürr war sie und sie hatte eine so dermaßen graue Haut, dass die schon wie schmutzig aussah. Ganz tiefe Falten waren da drin und ganz ungesund sah das aus. Immer war sie schwarz-grau angezogen und rauchte ununterbrochen, fast wie ein grauer, faltiger Schornstein. Meistens war sie sehr unfreundlich zu allen, auch zu uns Hunden war sie wortkarg und brüsk. Offensichtlich wollte sie nicht reden und wäre scheinbar sowieso am liebsten gerade ganz woanders. Auch mit Waldi wollte sie wohl am liebsten nicht sein, denn sie schrie immer nur wütend »Waldäää!«, wenn Monsieur wieder mal zum Apfelfressen minutenlang kommentarlos im Gebüsch abgetaucht war. Manchmal dachte ich sogar, dass eigentlich die Frau den Waldi wohl gar nicht mochte. Denn sie lächelte ihm nie zu, gab ihm nie Lob, nie Gutis, arbeitete nie mit ihm, sprach nie mit ihm. Ja, obwohl er sich so um ihre Aufmerksamkeit bemühte, guckte sie ihn nicht mal an, *wenn* er dann endlich mal da war. Sie brüllte immer nur dieses hassige »Waldäää!«, wenn er wieder mal *nicht* da war. Eigentlich war diese Frau meistens nur total genervt von ihrem Waldi. Aber nicht so genervt, wie Mami manchmal von ihr war. Die sah uns ja meistens schon auf dem langen Weg entgegenkommen und wir Hunde spielten doch so schön miteinander! Man konnte dann schon von Weitem sehen, wie der Waldi sich freute, wie der Calimero sich freute … Und dann hakte sie manchmal plötzlich die Leine an, drehte sich um, zerrte den kämpfenden Waldi grob hinter sich her und ging stur wieder in die andere Richtung zurück!

Das Herrchen von Waldi war allerdings sogar *noch* schlimmer, fand ich, und machte einen Bogen um die Menschen, wenn der dann manchmal mit dabei war. Und wie sein graues Gespenst brüllte auch er nur immerzu »Waldäää!« und machte sonst gar nichts mit seinem lieben Hund. Waldi sollte wohl nur ein niedlicher Roboter sein und kein Jagdhund mit eigenen Vorstellungen. Er rief wütend in die Büsche, aber Waldäää kam mal wieder nicht, warum auch, wenn er keinen Nutzen davon hatte …? Er fraß gerade wohl wieder irgendwas, am liebsten hatte er einfach saure, alte Apfelbutzen. Durchfall jeweils inklusive! Der Mann war ziemlich dick und ich dachte mir, jetzt wisse ich auch, warum Waldis Frauchen so dürr sei: Er fraß ihr bestimmt immer schnell alles weg! Und darum hatte auch Waldi bestimmt immerzu Hunger. Und ich wusste jetzt auch, warum seine

Frau fast nichts sagte: Weil ihr Mann wie ein geöltes Maschinengewehr redete – blablabla! In einer Tour ging das, atmen musste der scheinbar überhaupt nie! Und er merkte nicht, dass keiner das ganze Gewäsch da hören wollte. Blablabla: Den ganzen Weg rauf! Blablabla: Den ganzen Weg wieder runter!

Der Mann erzählte, blablabla, dass Waldäää eigentlich sowieso überhaupt nur deshalb da war, weil die Tochter ja so gerne wieder einen Dackel haben wollte, so wie sie in der Kindheit schon vorher den Waldi gehabt hatte. Und dann hätte sie sich halt mal so einen neuen Waldi gekauft. Aber dann fiel ihr plötzlich ein, dass Hunde im Büro ja gar nicht erlaubt waren. Und dann mussten eben Mami und Papi ran. Die allerdings waren aber ja gerade froh gewesen, dass Waldi jetzt *keinen* Nachfolger bekommen hatte, denn Waldi war ja sowieso unersetzbar! Und sie hätten auch keine Zeit, das Alter, keine Lust und dann musste man ja auch bei jedem Wetter immerzu raus mit dem ... Und die Tochter heulte dann, jetzt müsste ihr kleiner, süßer Baby-Waldi dann ins Tierheim ...! Tja, und jetzt hatten die einen Waldäää, den sie nicht wollten, und einen Waldäää, der dann *auch* vieles nicht wollte! Waldäää wäre richtiggehend stressig, sagte der Mann ärgerlich, denn er sei *ganz, ganz anders* als der tolle tote Waldi! Der tolle tote Waldi hatte immerzu gehorcht, hatte nichts gefressen, das ihm nicht gehörte, war immer zu sehen gewesen – und war überhaupt bei allem immerzu nur toll gewesen! Und was *der* alles konnte! Mama intonierte tonlos: »Feuer löschen, Volkslieder rülpsen, Dackel-Origami, rückwärts Rollerbladen ...« Blablabla hatte nichts gehört und Mami grinste feist. Und der Waldäää, der könne rein überhaupt gar nichts! Außer vielleicht formlos zu verschwinden und dann schon auch mal spontan quer über drei Straßen nach Hause vorzulaufen. Ja, abzuhauen und dann mit irgendwas Ekligem vollgefressen wieder aufzutauchen, das sei so ziemlich alles, was Waldäää so brächte …! Ach ja, und er könnte sich danach zu Hause dann auch auf dem Teppich mehrfarbig übergeben! Oder nachts Durchfall im Flur simulieren! Meistens Apfel mit Brot, manchmal sei aber auch schon mal ein Stückchen Kondom dabei! Ich dachte, was da trotzdem für eine Freude drinsteckte für alle, wenn die sich auch nur mal den Hauch auf den kleinen Hund da einließen. »Nimmt das da mal kein gutes Ende, irgendwann …!«, dachte ich auf dem Heimweg und hoffte, ich würde mich irren …

Spaghetti-Paletti

Wieder Hundespaghetti heute. Und ich wurde schlauer. Hatte davon geträumt, wie es gehen kann, das Teil zu erwischen, und probierte das auch gleich aus. Ich hatte jetzt eine Technik entwickelt, zu rennen und *gleichzeitig* zu kauen und zu schlucken, ohne jemals anhalten zu müssen! Das klappte super. Bis Mama wieder ihren Hysterischen kriegte und rumbrüllte, so von wegen der Spaghetto verschwände in mir, und ich würde bloß immer schlucken, ohne zu kauen! Und Darmverschluss und Verstopfung und sollte doch nicht – das hatten wir doch auch schon mal hier! Dann machten sie Jagd auf mich! Hey, drei gegen ein Halbes, das ist aber gar nicht mopselmanlike! Sie kriegten mich natürlich und es war ein gruseliges Gefühl, wie sie 30 Zentimeter angekauten Spaghetto schon wieder aus meinem Magen herauszerrten. *Den* wollte ich dann auch nicht mehr und biss dafür dann sauer voll in eine Vogelbeere rein, allein schon deshalb, weil ich das auch nicht soll! Hundespaghetto gab es dann ab sofort nur noch in kleine Stücke geschnitten, da muss El Diabolo dann auch nicht mal mehr kauen, sagte Mama im Fahrstuhl. Genau: Er war nun mal eben kein Kau-Boy, er war ein waschechter Runterschluck-Boy!

Ansonsten konnte man nur sagen: El Diabolo zog eine Spur der Verwüstung und des Grauens hinter sich her! Mama glaubte, ich sei ein kleines, pechschwarzes Engelchen mit Knopfaugen und Negerbaby-Gesicht, aber das stimmte so leider nicht! El Diabolo hatte nun mal eine Leibspeise: Spaghetti! Für Hund oder nicht für Hund war mir vollkommen egal! Hier in der Wohnung kamen überall lauter Spaghetti aus den Wänden raus: weiße, graue und schwarze ... Und El Diabolo hatte sie schon *alle* nacheinander probiert! El Diabolo hieß nämlich auch Nagfried der Rastlose! Und Nagfried konnte nur eines: nagen! Hatte Nagfried schon Kabelbruch genagt ... Komisch, keiner begeistert hier von Nagfrieds Talenten ...

Mit meinem Kumpel Dogbert im Männerwohnheim.

Staying alive!

Schön gespielt heute mit Mami auf der Wiese: Ich konnte Stöckchen nehmen und hinterherhoppeln und es dann wieder ausspucken! Tolle Show, jedes Mal gab es Gutis dafür. Menschen waren ja so leicht glücklich zu machen (und zu manipulieren, aber: Pssssttttt!) Molli konnte heute nicht, darum war ich frustriert und schiss verärgert voll auf den weißen Teppich. So, Welt, das hielt ich heute von dir! Abends rief Sara dann an und erzählte, was Molli so gemacht hatte: Molli hatte ihren Hugo mit ins Körbchen genommen, denn sie hatte bestimmt auch Liebeskummer gehabt!

Schon wieder Shopping, als gäbe es nichts anderes, dachte ich. Bis ich feststellte, wo ich da hingeraten war: in eine Tierboutique! Und ehe ich mich versah, wurde mir eine neue Tasche angepasst. Aaaiii, Caramba! Und ich war doch sowieso schon so genervt! Aber nun stopften sie mich auch noch zu zweit da rein ... *Aaahhhrrgggg, ich hasste aber die verdammte Tasche*, wie oft musste ich das eigentlich noch sagen hier? El Diabolo würde sich also rächen müssen, und das würde dann ganz furchtbar werden – nur wie? Ich mischte jedenfalls den Laden da erst mal ziemlich flockig auf. Aber scheinbar hatte ich wohl irgendwie den Idiotenbonus da. Denn alle lachten nur und mein Frauchen sagte verzweifelt: »Sehen Sie, das meine ich, *genau das*!« Und sie erzählte denen dann doch wirklich lang und breit, wie ich den Taschenflip immer tanzte. Stimmte ja gar nicht, das war doch alles nur gelogen! Sie tanzte ihn dann sogar auch noch vor und es sah wirklich aus wie ein kleiner speckiger Mops, der mit seinen Krallen fürchterlich entschlossen in der Öffnung einer Tasche hing … Und der sich da auch nicht reinstopfen ließ! Sie zeigte sogar bildreich, wie hinten immer mein Po oben raushing und vorne dann der Kopf immer wieder rauspoppte, wenn der Hintern dann endlich mal unten war! Da war ich aber dann so dermaßen sauer drüber, so hässlich zu übertreiben! Aber *alle* glaubten das sofort nach meinem vorigen Auftritt und fanden das natürlich programmgemäß endsüß … Ich haute derweil, mal wieder mit der blöden Tasche am Rücken festgetackert, vom Tresen direkt über die hoch aufgestapelten Nester ab … Und als sie mich dann endlich irgendwann wieder eingefangen hatten, gab es sogar auch noch Belohnung dafür! Getrocknete Entenbrust … *Das* war es doch einfach, worauf die Welt die ganze Zeit schon gewartet hatte, jedenfalls *mein* Teil der Welt! Mama kaufte mir das aber nicht … Sie fand es schrecklich teuer.

Außerdem war sie, trotz aller Freundlichkeit des Ladenmädels, genervt. Das kam, weil dieses ihr einen schwungvollen Vortrag über Mops-Trocken-Vollfutter gehalten hatte. Von wegen ich bräuchte ab sofort nur noch *ein einziges Futter*, lebenslang, immer nur das, morgens, mittags, abends … Und zwischendurch auch, neben der ganzen getrockneten Entenbrust natürlich nur. Ganz neu! Nur für Möpse! Weil da einfach *alles* drin sei. Und wenn ich nur einen Apfel von Weitem sehen würde, machte das dann damit schon alles kaputt, was das tolle Futter an mir aufgebaut hatte. Ja, nur das eine Futter immerzu und immer wieder, lebenslang und bloß nie mehr wechseln und bloß nie selber kochen! Und überhaupt: Was hieß das hier denn überhaupt: Reis, Joghurt und Möhrchen – ging's denn noch? Mama kniff die Lippen zusammen und sah aus wie meine Rosette, wenn ich nicht sollen darf, aber müssen könnte. Sie sagte verkniffen: »Ganz großartig. Verstehe.« Aber das Ladenmädel checkte es nicht und fusselte immer weiter: Die Tüte für nur 26 Euro! Fast geschenkt! Höchste Compliance! Immer vorrätig! Einige täten nämlich dann bald gar nichts mehr anderes, als nur noch für ihren Mops zu kochen! Und dann stünden die hier schließlich irgendwann japsend rum und sagten, sie *schafften* es einfach nicht mehr! Und die seien dann *so* froh, wenn sie sich ihre Freiheit und Entspannung für 26 Euro zurückkaufen konnten! Echt jetzt! Mama nickte und sagte übergangslos: »Verstehe. Ich muss dann auch mal los, für meinen Mops kochen, Sie verstehen das ja …« Draußen sagte sie erschöpft: »So was passiert, wenn junge Menschen von Produktspezialisten gehirngewaschen *und* umsatzbeteiligt werden! Die war ja wohl völlig hypnotisiert … Rate mal, was die abends isst!«

Schriftverkehr(t)

Ich kenne einen neuen Witz! Hört ihr: Klettert 'ne Miezekatze auf den Baum und fängt da total an zu heulen! Der Hund unter ihr fragt: Hey, was flennst du denn so, Miezekatze? Und die doofe Miezekatze sagt: Ich komm nicht wieder runter und hier oben gibt es keine Mäuse, jetzt muss ich verhungern! Haha, ist *die* doof! Ich *liebe* katzenfeindlich …!

Heute hatte ich an meine Zuchtmama eine E-Mail geschrieben. Mama weiß nix davon, die dachte noch immer, ich könne nur Pi-Mails …

Hallo Zuchtmama!
Ich habe dir heute deine doofen beiden Taschen zurückgeschickt! Ich *hasse* Taschen! Ich bin gestern, in voller Fahrt mal wieder, ausgestiegen … Mir war aber so langweilig und gemüffelt hat es auch wieder da drin! Beim ersten Mal habe ich einfach so lange da drin rumgerappelt, bis schließlich dann der Griff von der Schulter rutschte und ich fast Schlitten fahren gegangen wäre … Dann machte Mami vorne auf, hatte wohl Angst, ich ersticke da drin … Guter Plan, der Mops von Monte Christo: Ich stieg dann mal wieder aus …! War aber leider wieder an diesem peinlichen Brustgeschirr angehakt und machte dann eben heftige Brustschwimmbewegungen auf dem Trocknen. Mama: Anfall. *Das* war auf dem Hinweg …
Auf dem Rückweg hab ich dann wieder *so* lange da drin rumgerappelt, bis Mami dann endlich oben auf-

machte und schon mal auf dem Weg zur Eingangstür den Karabiner löste. Das war *meine* Stunde! Kaum war der Griff von der Schulter runter, stieg ich auch schon aus, mir reichte es! Autsch! Leider stieg ich dann nämlich kopfüber aus und der Gehsteig gab überhaupt nicht nach. Es machte »klong!« und ich blieb erst mal benusselt sitzen und zählte Sternbilder: die Ente, das Huhn und die Putenbrust – alles getrocknet. Mama war dann mal wieder kurz vorm Epileptischen …

Meine neue Mama musste mir daher jetzt dann noch (laufende Nummer drei in acht Wochen) eine neue ausbruchsichere Tasche kaufen: mit Gitter, Reißverschluss, Karabiner und alles! Bin ich jetzt etwa ein Knacki? So blutjung und schon im Knast bei den Schwererziehbaren gelandet … Aber die Puppen in der Tierbedarfshütte da, die werden mich so schnell nicht vergessen! Den Laden habe ich nämlich beim Eingetütetwerden sauber aufgemischt und bin dann stiften gegangen. Aber ich habe trotzdem getrocknete Ente gekriegt! Und da haben die sich dann alle auch gleich noch mal gewundert: Knallimero, der einzige Knallbonbon, der nicht kaute. Auch nicht unter Gewaltandrohung. Harrharr, Besuch vom Grauen …

Ich kann schon »Sit!« – wie findest du das? Schickst du mir jetzt getrocknete Ente?

Mit einem fetten Schleck

Dein Ex-Sohn Knallimero

Mein lieber Calimero,
dass du dir aber auch deinen ersten Namen (mag ihn gar nicht mehr schreiben!) auch so dolle zu Herzen ge-

nommen hast …! Vielleicht wäre Cutie oder Calma doch besser gewesen …? Schick die Taschen nur zurück, ich werde mir mit Frauchen schon einig.

Und: Sei schon etwas vorsichtiger in Zukunft, wir wollen doch nicht, dass du dich verletzt. Und beim Mofafahren bleibst du schön in der Kiste, hörst du! Oder sollen wir dir doch besser einen Sturzhelm mit Pfötchenmuster besorgen …? Was du dann wohl mit *dem* machst?

Bis bald und ganz liebe Grüße auch an dein echt geduldiges Frauchen

Deine Ex-Mami

Flipper

Die neue Tasche: Na super … Da komme ich dann nun wirklich nicht mehr raus! Aber die ist schwarz und auch noch gepolstert und hat einen Reißverschluss und alles. Und mir ist da drinnen so waaarrrmmm …! Zur Strafe habe ich die ganze Zeit zum Gotterbarmen gehechelt … Kennt man ja schon von mir die Nummer. Ich fühlte mich wie ein Scampi ganz kurz vor dem Sieden! Mami pustete mir auf das Bäuchlein, um mich zu kühlen, aber ich hechelte einfach blöd weiter. Der Taschenrächer, ich sag nur: El Diabolo wartet auf seine süße Rache …!

Ich konnte was Neues, wenn Mami sagte »Sit« dann setzte ich mich hin und kriegte dafür ein Guti. Das machte total Spaß! Ich kriegte sogar auch Guti, wenn ich mich hinsetzte und Mami sagte dann erst »Sit!«. Toll! Mal sehen, ob ich das auch woanders kann als nur im Fahrstuhl und in der Wiese. Und mal sehen, ob ich auch noch andere Leute dressieren kann, mich dafür zu bezahlen!

Mama hustete. Vielleicht lag es auch daran, dass sie mit mir täglich auf herbstlich vollgepissten Hundewiesen rumstand, egal welches Wetter gerade war. Und dabei dann auch noch zwangsweise Dialoge führte wie: »Uuuhhh … Ist die aber niedlich …!« »Das ist ein Er …« »Uuuhhhh … Und wie heißt die denn, gutschi, gutschi, gutschi!« Mami sagte dann gar nichts und ich dachte nur: »Gutschi, gutschi, gutschi …?« Aber es ging natürlich lustig weiter: »Ja wie heißt sie denn nun, gutschi, gutschi, guuu?« »Das ist ein Er …!« »Und macht sie dann auch immer schön kacki-kacki? Jaaaa? Und macht sie denn auch schön pissi-pissi? Jaaaa kann sie das denn alles schon, gutschi, gutschi, gutschi?« Was sagte man jetzt dazu. Ich dachte nur: »Lass mich mal in deinen Salon, dann zeige ich dir kacki-kacki, du blöde Pissnelke!« Ich musste dann aber ganz schnell wieder lachen, weil ich daran denken musste, was Mamis genervte Freundin dazu jetzt gesagt hätte: »Es heißt Flipper – und es ist eine Sie …!«

Ballett

Ich machte viel Theater mittags im Fahrstuhl und dann im Hof und dann auch noch an der Straße. Jesses, ich *wollte* eben heute einfach nicht laufen, das muss ja nun wohl auch mal drin sein hier! Und je eher der Mensch das lernte, dass es Zeiten gab, wo ich eben, warum auch immer, nicht laufen *wollte*, umso besser war es doch für alle Beteiligten! Sie lernte heute jedenfalls viel. Und lange. Und ich wiederholte die Lektionen auch minütlich, nur damit das dann später auch wirklich mal gut saß! Ein gut erzogener Mensch macht viel Freude, das ist ja bekannt.

Als ich fertig war mit dem ganzen Theater, musste ich dann endlich auch mal kacken. Also wir mitten im allerschönsten Platzregen mit Sturmböen aus Nordost: erst mal alle Schirme, Tüten und Taschen runter, wühl, wühl, wühl, quelle surprise, wir brauchten also plötzlich eine Kacktüte! So ein Schock am Mittwoch, ja – wo könnte sie denn nur wieder stecken …? Dabei dann mit dem Thermobecher, der Leine, dem Schirm, der Tasche und der prallen Plastiktüte ungeschickt in den wütenden Böen vor sich hin jonglierend. El Diabolo musste *dabei* dann aber natürlich auch noch eine Balletteinlage aus dem Mopsensee geben: Tanz der kleinen Möpse! Pflicht ist Pflicht, so lautet das Gesetz, ich kann es ja nun auch nicht ändern! Und das hieß in diesem Fall: Immer schön auf den Pfotenspitzen, im Pas de deux, durch das ganze warme Zeug hin und her tippeln. Dann am Ende der Leine: Die Pirouette … um den Baum gewickelt! Das wiederum hieß dann: ständig wieder rausgewickelt und weggeschoben werden müssen. Natürlich energisches Nachspringen. Es musste dann nun also auch noch ein Guti rausgegrabbelt und gefüttert werden … Der Sturm toste und die wilde Ballerina musste jetzt irgendwie abgelenkt werden, damit hier dann auch endlich mal was vorwärts ging! Mama tanzte also jetzt den schwarzen Schwan – mit Gelerch. Und dann wieder *mein* Part, Finale: Kampf der Elemente! Guti im höchsten Gras wieder aus dem Mund fallen lassen, Guti suchen, dabei schnell panisch werden! Jetzt dann wieder hektisch, diesmal zumeist rückwärts, und zwar mit *ganz* aufgesetzter Pfote durch das Braune tanzen … Dann: Die Hebefigur! Mami stand mit der Hand in der Tüte fassungslos da und wusste schon gar nicht mehr, was sie zuerst aufsammeln sollte: Die wild steppende Ballerina mit dem Nervenzusammenbruch? Den von der Bühne flüchtenden Schirm? Die umgewehte, sich gerade selber auspackende Tüte? Das, warum wir diese Aufführung überhaupt mal begonnen hatten, war ja nun schon in der nassen, dunklen Wiese komplett breitgetanzt. Und den Großteil davon nahm ich ja sowieso wieder als braune Flip-Flops mit … Nun kamen dann auch noch Standing Ovations von Waldorf und Stadler aus der Balkonloge über der offenen Grünfläche: »Gäh, Sie …! Lassen Sie den räudigen Köter in Ihren eigenen Vorgarten scheißen!« »Aber echt, das ist ja voll eklig!« Also *mir* hatte es wieder riesig gefallen, denn ich schindete damit ganze Minuten vom sowieso schon wieder zu engen Zeitplan.

Dann dachte ich, dass eigentlich doch eine Wiederholung jetzt ganz lässig käme … Und so machte ich 40

Meter weiter nördlich dann gleich noch mal original dasselbe! Da kam dann aber Freude auf … Mami simste vollgepackt und stinksauer an die mittlerweile bereits schon auf uns wartende Freundin. Unter dem sich im Sturm wehrenden Schirm, mit eingeklemmtem Thermobecher unter der Achsel, eingeklemmter nasser Tüte zwischen den Knien und einer an der Leine energisch Fouettés übender Ballerina mit braunen Demi Pointe an den Füßen … Sie schrieb: »Er ist heute leider wieder ein pisschen bescheuert, daher kommen wir dann auch wohl ein gutes Schisschen zu spät! Ganz genau gesagt, haben wir pissher auf dieser Strecke jetzt gerade schon die zweite Bahn verpisst … Und das auf einem Weg von netto sechs Minuten! Piss gleich also mal!«

DIE

Dann trafen wir unterwegs DIE. DIE war einer dieser ewig zitternden Kakerlakenfresser, ein Chihuahua. Vor denen hatte mich Papa ja schon gewarnt, die röchen nämlich aus dem Mund und seien den ganzen Tag lang meistens nur bescheuert und sonst nichts weiter. Das läge aber leider zumeist alleine an den Menschen, die diese hochintelligenten Hunde einfach komplett unterschätzten. DIE würden wegen ihrer niedlichen Winzigkeit nicht ernst genommen und daher natürlich dann auch nicht erzogen. Und DIE würden auch nicht verstanden und daher leider dann auch überhaupt nicht trainiert. Er sagte mir, Kakerlaken seien die wohl intelligentesten Tiere, hochsozialisiert (mit einem Geschmack wie Hühnchen, kurz vor dem Umkippen) und sehr schnell. Und die Chihuahuas wären gezüchtet in Mexico, um die nachtaktiven Cucarachas in den Haziendas zu jagen! DIE seien also alles andere als niedlich, sondern die allerkleinsten Jagdhunde der Welt. Menschen behandelten DIE aber zumeist nur völlig respektlos und wie Spielzeug oder, als seien DIE aus dünnem Glas. Das bedeutete: DIE durften meistens nicht mit anderen Hunden spielen, weil sie ja kaputtgehen könnten! Und das hieß: Kam also ein größerer Hund mal gucken, wurde Puschelchen erst mal panisch hochgerupft und unter den Arm geklemmt. Da oben konnte Puschelchen dann schön den Chef geben und riesig rumbrüllen, so von wegen: »Ich bin oben! Ich bin oben! Ich bin der Chef hier!« Und wenn DIE dann mal unten waren und wenn der zuvorderst so blöd Angebellte dann zufällig mal wieder vorbeigelatscht kam: Oioioi! Hunde vergaßen so was nämlich nicht: keine Blödheit, keine Beleidigung und niemals eine ungerechtfertigte Ranganmaßung!

Weil ich ja nun schon wusste, dass DIE da jetzt höchstwahrscheinlich nicht erzogen und dazu wohl auch kaum sozialisiert war, wetzte ich also mal freundlich wedelnd auf DIE zu. Außerdem: DIE war ja wohl so *dermaßen* winzig, da passte so viel Bescheuertheit doch gar nicht rein! Und ich hörte noch halbbewusst, wie Mama warnend sagte: »*Ich* würde es mir überlegen, Amigo! DIE sieht aber mal echt stinkig aus …!« Ich dachte im Wetzen: »Was weiß ein Mensch denn schon! Jahrelang selber Hund gewesen, oder was?« Ich diskutierte ja generell nicht mit altklugen Menschen, die Zeit hatte ich auch einfach nicht. Darum ging ich lieber durch starkes Vorbild voran. Also ich: formlos ein schneller Kuss auf die Backe, so kannte ich das ja auch aus der lockeren Rheinlandpfalz: wooosch! Schon sprang mir das Teil in dem affigen Regencape schreiend voll an den Hals! Und ich dachte noch: »Aaaiii, Caramba …! Man muss ja nicht gleich heiraten, so war das ja nun auch nicht gemeint!« Und da biss DIE auch schon voll zu! Und fauchte und knurrte, die spann ja wohl total! Ich blies ihr dann die Meinung und die ganze Nachbarschaft konnte deutlichst hören, was ich ihr zu sagen hatte! Es war eine Menge! Das war ja nun überhaupt keine Doggikette hier! Und auch wenn DIE völlig unmöglich aussah, diese viertel Portion da, war sie ja wohl dennoch immer noch ein Rassehund! Und da konnte man sich eben einfach nicht alles rausnehmen wie ein x-beliebiger Straßenköter! Ich sag nur: Der Kodex gilt auch für Kakerlakenfresser! Unmöglich! Als ich sie gerade mit meinen Argumenten in die Enge getrieben hatte und mich gediegen darüber ausformulierte, dass sie wahrscheinlich auch dazu noch völlig verfloht war ... da wurde DIE dann weggezerrt. Das war wieder so typisch! Nicht nur DIE war eine Schlampe auf dem hündischen Asphalt, der Mensch hintendran war natürlich wieder genauso ein ungezogener Rüpel! Aber was sagte meine Zuchtmama immer so schön: »Wenn der Hund sich schlecht benimmt, ist der Mensch auch nicht besser! Außerdem ist der Trottel von den beiden immer der mit der Handschlaufe, nicht der mit dem Karabiner!« *Der* Mensch da war dann ja wohl überhaupt nicht erzogen! Ich machte das alles besser mit meinem, da konnte man aber mal so was von sicher sein ...!

Babys und Welpen

So, das war es dann jetzt wenigstens mal zu der ersten und zur zweiten Tasche! Geht doch, geht doch! Jetzt ist nur noch der schwarze Scampi-Macher am Start … Aber den schaffe ich auch noch irgendwie, ja wartet nur …! Heute hatte mich wieder so eine komische Frau angequatscht: »Na, bist du aber putzipuzi! Ja, du kleines Dutzidutzi! Du bist so komisch, dass man immerzu über dich lachen muss, hihihi …!« Mir wurde sofort übel. »Das kann man von dir dann aber leider nicht gerade behaupten …!«, bellte ich wütend in ihre hässlichen Birkenstocks und drehte mich ab. Schlimmer als ein Chihuahua einige Leute, aber echt …!

Mama unterhielt sich dann mit einer Frau mit Kinderwagen. Die Frau fand, dass Welpen und Babys ganz verschieden waren. Mama fand das gar nicht. »Sie essen beide ständig, scheißen ständig (säuerliches Lächeln der frischgebackenen, glücklichen Mutter) und wenn sie wach sind, dann machen sie permanent Rambazamba …! Es geht viel um Kacke: Welche Farbe hat Kacke, warum ist Kacke so flüssig, wo ist die Kacke hin ausgelaufen. *Sie* wechseln Windeln, *ich* wechsele die Kacktüten. Dauernd in einer Schwade Abc-Kampfgas eingehüllt zum Müllhaus unterwegs, sind wir dann schließlich doch wieder beide … Und andauernd ist was weg! Bei Ihnen sind es: Söckchen, Mützchen und Schnuller … Bei mir sind es: Namenskapsel, Klicker, Kauball … Im Prinzip also absolut dasselbe Prinzip!« Ich staunte nur: War ich denn wirklich *so* schlimm?

Also gut, auch *ich* hatte meine kleinen Fehler … Mein Orientierungssinn zum Beispiel war ist eine echte Katastrophe. Als Blindenhund bräuchte ich immer erst mal selber einen Blindenhund – und besser auch noch einen Ortungschip und ein Prepaid-Handy mit Navi-App! Oder man legte mir eine Spur Kekskrümel aus, so vom Standort bis zum Zielort, dann … Tja, ich stand eben immer gleich vor jedem Eingang und wollte da rein. Sah aber auch alles so gleich hier aus! Zu Hause war ich da doch aber ganz anders, so ein richtiger Pfadfinder …! Wenn ich in meinem Spielkörbchen gesessen hatte, sah es hinterher aus wie ein Bombenanschlag, da blieb dann immer kein Auge trocken. In Wahrheit legte ich hier ja nur absichtlich Spuren, damit ich sicher den Weg vom Teppich zum Spielkorb wiederfinden konnte …! Gut, vielleicht war ich aber auch wirklich nicht der allerordentlichste Typ. Meine neue Namenskapsel hatte ich nach knapp einem Tag schon wieder verschlampt. Jedenfalls den wichtigen Teil davon: den mit dem Zettel drin. Hatte Molli vielleicht ja auch abgeschraubt beim Spielen, oder Waldi, was weiß ich, hatte auch nicht darauf geachtet …! Beim Haufenmachen war ich auch eher chaotisch, denn unter zwei Kacktüten machte ich es nie … Warum auch? Dann lohnte sich der Weg zum Müllhaus doch wenigstens! Und Bücken war ja gut für Sitzberufe, also … Mami hat begonnen, die Kacktüte nur noch bayerisch zu benamen, sie sagte dazu jetzt nur noch »roter Presssack«. Wohl bekomms.

Lolli und Bounty

Das war das Tolle an der Hundewiese: Es kamen immer wieder andere Hunde vorbei, manchmal dieselben, aber auch immer wieder andere! Die Zusammenstellung war so oft ganz neu und es wurde niemals langweilig! Heute gab es Frischfleisch: eine riesige schwarze Mischung aus Labrador und Deutscher Dogge. Wunderschön, sehr verspielt, superlieb und ziemlich tollpatschig. Name: Fräulein Lieschen. Na ja. Und ihre beste Freundin war die braun-weiße englische Bulldogge der Tochter. Die sah sonderbar aus, weil sie zaundürr gehalten wurde, gar nicht bulldoggig kompakt speckig. Name: Frau Meyer. Konnte man dann ja beides im Ernstfall prima rufen …

Heute war Lolli mal wieder da, das ist eine zottelige große Mischlingshündin mit einem roten Ball rechts unter der Lefze klemmend. Ich bin mir nicht sicher, ob der Ball ein Geburtsfehler ist oder ob sie ihn auch mal raustun könnte, wenn es mal ernst würde – zum Beispiel beim Essen. Ich liebte sie schon vom ersten Moment an, aber *sie* fand mich leider vom ersten Moment an nur total bescheuert. Aber wenn ich ihr und ihrem herrlichen Parfüm verzückt schnüffelnd und im Imponiertrab hinterherschwebte, ignorierte sie mich meistens nur. Allerhöchstens drehte sich mal halb um, sagte an ihrem Ball vorbeiknurrend: »Zwerg, du nervst!« Ansonsten gab es da aber auch komischerweise noch eine jede Menge Hunde, die an uns anderen überhaupt nicht interessiert waren und die generell immer nur ihr eigenes Ding machten.

Da war zum Beispiel Bounty, der dicke Beagle. Frauchen stand meistens irgendwo auf dem Weg, tippte in ihr Handy, guckte rechts, guckte links und rief lustlos: »Bouuuntyyy!« Kam nicht. Heute erfuhren wir, warum Bounty so pummelig war, obwohl er schon seit Jahren auf Diät gesetzt war und draußen stets in Bewegung. Es kam anlässlich eines Gespräches heraus, in das sich sein Frauchen ausnahmsweise mal mit eingeklinkt hatte; vermutlich war wohl der Handy-Akku leer … Das Gespräch drehte sich um illegale Beschaffung illegaler Fressrationen und sie erzählte eine unglaubliche Geschichte, die sich um die Schulbrote ihrer Kinder drehte. Mutti hatte es nämlich satt, dass die leergefressenen Brotdosen und das ganze leichte Zeugs aus dem Ranzen immer lose im weiten Radius um die Taschen verstreut lagen. Die Kinder rechtfertigten sich stets, sie würden immer *nur* ihre Schularbeiten rausholen und alles andere drin lassen. »Das *kann* aber nicht sein!«, meckerte Mutti sauer. »Ich sammele jeden verdammten Abend die leeren Brotdosen irgendwo ein!« Und die Kinder stutzten jetzt: »Wieso denn überhaupt *leere* Brotdosen?« Es stellte sich heraus, dass die Kinder gar keines von den dicken Broten je aßen, die ihre Mutter da liebevoll jeden Abend fett mit Butter, Leberwurst und Streichkäse beschmierte. Ihnen genügte nämlich jeweils eine Schokomilch, ein Müsliriegel und der Apfel. »Wir haben uns schon gewundert, dass du uns deswegen nie ausgeschimpft hast und *trotzdem* immer wieder neue Brote schmierst …«, sagten die beiden, jetzt etwas bedröppelt. Als der Satz ein paar Sekunden im Raum nachgeklungen war, senkten sich alle Blicke gleichzeitig unter den Couchtisch: »Bounty!«

Das war dann wohl das Revival der Aktion, wie er vom Boden auf den Hocker, von dort auf den Stuhl und von da dann jeweils auf den Schreibtisch gesprungen war. Ja, und was genau hatte er dort zu erledigen? Er fraß, gemütlich auf dem Schulatlas sitzend, alle Adventskalender gründlich leer! Mami mochte scheinbar weder den Hund noch das Frauchen und grüßte immer nur im Vorbeigehen mit »Hallo, Snickers!« oder »Grüß dich, Mars!« oder »Hallo, Raider – ach, nee! Du heißt ja jetzt Twix!« Das fand das Frauchen stets unpassend und versenkte sich nach einem beißenden Blick immer sofort wieder wortlos in ihr Handy zurück. »Snickers vermisst, zahle Finderlohn in Treets und Smarties!«, lamentierte Mami, wenn sie wieder mal das bocklose und sinnfreie »Bouuuuntyy!« von Weitem hörte …

Erziehung auf Hundeart

Und dann war da auf der Wiese auch oft noch Dolce. Das war eine hübsche Goldi aus der Arbeitslinie (hell, schmal und hoch). Sie saß immer nur da und versuchte dabei so gut auszusehen, wie nur irgend möglich. Da sie immer mit Jean-Paul aus der Showlinie (goldig, kräftig und lockig) gespielt hatte, dachte ich, sie sei bestimmt auch ganz brauchbar, irgendwie, und umhüpfte sie entschlossen: »Guck mal, ich hab einen Wackelzahn!« und »Guck mal, ich hüpf auf zwei Beinen!« Sie ignorierte mich. Das ignorierte dann leider *ich* und hüpfte weiter blöd auf zwei Beinen um sie her: »Guck mal, ich pul an deinem Halsband rum!« und »Guck mal, ich leg dir einen Seitenscheitel auf dem Rücken an … Äh …!« Dolce blieb weiter unbeweglich sitzen, klappte die Ohren nach hinten und verzog nur wortlos bei geschlossener Schnauze die Maulspalte gerade nach hinten, sodass es für Menschen aussah, als grinse sie. *Ich* jedoch wusste an dieser Stelle dann mal sofort genug und fiel prompt vor Schreck auf meinen frisch frisierten Hintern. Drohkette, Teil eins! Dann fiel mir ein, dass ich ja noch was in den Brennnesseln zu tun hatte und verschlich mich zügigst …

So wurden wir Nervenzwerge auf der Hundewiese zumeist erzogen. Von älteren Hündinnen nämlich, die all das Herumgehampel und übergriffige Gewese einfach nicht abkonnten. Wenn wir aus einem funktionierenden Rudel kamen, hatten wir die Sozialisation ja schon hinter uns gebracht, hatten Rudelkämpfe mit Gleichaltrigen gemeistert, kannten unseren Platz und wurden durch die Älteren zurechtgewiesen, wenn nötig. Das hieß: Wir verstanden die Hundesprache lückenlos, auch wenn es zumeist ja nie bis zum Äußersten gekommen war: der erzwungenen Unterwerfung. Solche Hunde wie wir mussten daher natürlich auch nicht in die Welpenschule, soweit aber mal nur meine Einschätzung als Mops! Denn das, was da angeblich gelernt werden sollte, konnten wir ja von Haus aus schon längst! Und es konnte darüber hinaus dort auch gar nicht nachgelernt werden, weil diese Gruppe ja gar kein Rudel war und immer nur eine einzige Stunde lang zusammenblieb. Wie jedes denkende Wesen lernten wir Hunde auch am intensivsten aus der Wiederholung in einem sicheren Rahmen. Und so eine Situation bildete sich naturgemäß immer erst dann heraus, wenn sich immer dieselben Hunde in immer derselben Konstellation trafen und dann auch etwas miteinander unternahmen ... Gar nicht mal so selten richteten jene, die das eben *nicht* konnten, an uns schon Trainierten gerade in der Welpenschule psychische Schäden durch ungerechtfertigte Attacken an. Hatte ich jetzt schon öfter in Pi-Mails gelesen, dass einige als Welpe dort schwer traumatisiert worden waren. Es war aus meiner Sicht eine einzige Geldschneiderei: Für Leute, die sich nicht auskannten und die auch nicht nachdachten. Betrieben von Leuten, die sich diese Trägheit zu Nutze machten und die leider in aller Regel auch nicht ausreichend ausgebildet und informiert waren. Mami hatte sich das ja mit mir nur einmal angeguckt, weil: das machte man eben so ...

Einige von uns Zwergen, die dann nicht so *super* sozialisiert waren und die den Beginn der Drohkette durch die älteren Ladys leider dann *nicht* checkten, kriegten dann sehr schnell auch mal von den älteren Rüden eingeschenkt. Dann in der Regel aber auch gleich etwas heftiger, schon mit Beginn mindestens auf Stufe vier der Drohkette: runterdrücken und anknurren, dabei in die Luft dicht neben der Kehle schnappen … Nur dass wir für die Zukunft dann endlich mal Bescheid wussten, wo hier die Grenzen eigentlich waren. Wussten wir dann ja auch spätestens danach!

Tja, und wo so viele Hunde zusammen waren, gab es natürlich auch immer ein paar Nervensägen, die *überhaupt* nicht sozialisiert und dabei dann auch leider *überhaupt* nicht erzogen waren. Und genau *die* waren es dann auch immer, mit denen es zumeist Ärger gab! Da war zum Beispiel Pino, ein eigentlich sehr hübscher Goldi, der im Sommer allerdings so dermaßen bescheuert geschoren wurde, dass er hinten wie ein Lamm und vorne wie ein Cockerspaniel aussah: dürr mit einem riesigen Blubberkopf aus Fell, langen Lockenzöpfen und puscheligem Mützchen obendrauf. Er kam in aller Regel schon so angerannt, dass in Potsdam die Seismografen ausschlugen. Etwas, das er sich in einer Gruppe mit unsozialisierten Hunden übrigens nicht zu erlauben brauchte, ohne seine Gesundheit dabei ernsthaft aufs Spiel zu setzen …! Wölfe wissen: Wer schon so rücksichtslos angerast kam, hatte immer auch schon den Ärger im Schlepptau. Nur wer (echte oder gespielte) Dominanz demonstrieren wollte, um damit, schon mal rein prophylaktisch, Angst und Schrecken zu verbreiten, raste mit gesträubtem Rückenfell (siehe auch Mama: »Ach, Mann trägt Kamm!«) in eine Gruppe fremder Hunde hinein. Und das tat Pino serienmäßig immer wieder. Unsere Gruppe war sozialisiert und wir waren alle recht entspannt, aber es gab da schon auch ein paar dominante Rüden, wie zum Beispiel unseren Chubby. Das war ein prächtiger, durch viel Agility gestählter Australian Shepherd im reifen Alter von sechs. Und *der* duldete das ganz und gar nicht, sondern schritt regelmäßig ein, um Pino zur Raison zu bringen und um ihn endlich mal zu erziehen. Also war gleich schon die Ruhe vollkommen zerstört: alle Spiele erstarben, es gab aufgeregtes Gebelle, hektisches Gerenne, Fliehende und solche, die die Kämpfenden aus sicherer Distanz hysterisch kläffend anfeuerten. Dazwischen genervte Menschen, die ihre Hunde aus dem plötzlichen Getümmel zerrten, und viel Gefluche, wo die verdammten Besitzer von diesem verdammten Köter mal wieder seien! Kurz: Die reine Anarchie war ausgebrochen und alle wirkten plötzlich irgendwie gestresst!

Von Pinos Herrchen war an dieser Stelle aber, genauso serienmäßig, überhaupt nichts zu sehen. Irgendwo hörte man dann leise von ganz weit weg: »Piiiiieeeenooooo …!« Nun ratet doch mal, wer darauf wohl so überhaupt nicht reagierte …! Wenn sie dann endlich mal ganz gemütlich angeschlurft kamen, war Pino nicht selten schon komplett unterworfen und quiekte ängstlich unter dem schweren und laut knurrenden Chubby. Schon ging das Geschrei wieder los: Was dieser Chubby doch für eine mordlustige Bestie sei! Und *immer* gäbe es Ärger mit Chubby! Und *immer wieder* attackiere der den armen Pino – völlig grundlos! Und das sei ein Fall für die

Hundeschule, für die Leine *und* für einen Maulkorb! Da waren sie mit Chubbys Mama allerdings gerade an die Richtige geraten! Sie wiegelten aber stets lässig alles ab: Pino mache gar nichts, nie, schon nicht aus Prinzip, der wolle nämlich bloß immer spielen! Außerdem sei er so jung, da wäre noch alles möglich, er sei immerhin erst drei …! Schon drei? Der Hund sei erwachsen und bereits lebenslang geprägt mit drei Jahren! Und was auch immer noch passierte, wäre nur mit echter und harter Arbeit möglich! Keine Resonanz, glasiger Blick …

Das nächste Mal kam Pino wieder angaloppiert, überfiel übergangslos einen Kumpel brutal, stahl den Ball und gebärdete sich unmöglich. Jeder, der sich ihm nährte, wurde mit ganz massiver Beute-Aggression attackiert, und es floss sogar schon Blut. Ganz von Weitem hörte man leise: »Piiiieeenooooo …!« Als die beiden Herrchen dann endlich mal nach Minuten ganz entspannt angeschlappt kamen, gab es wieder die üblichen Diskussionen. Diesmal von wegen: Wer wäre denn auch so blöde und nähme einen Ball mit auf die Wiese! Das sei doch wohl jedem klar, wie das ausginge! Außerdem machten die Hunde das dann schon unter sich aus …! Es musste dann wirklich erst der immer noch bebende und sichtbar am Kopf blutende, kleine Besitzer des Balles vorgezeigt werden, dass sich da überhaupt mal eine leichte Reaktion zeigte. Seitdem wurden die hier allerdings tatsächlich auch nie mehr gesehen. Es ging sogar die Rede, dass Pino die Hundeschule besuchte. »Hoffentlich hat er auch seine Herrchen mitgenommen, die hätten es nämlich noch sehr viel nötiger als er …!«, dachte ich in mich hinein grinsend …

Rüsselpest

Bin schon irgendwie erkältet aufgewacht und durfte nicht mal auf die kalte, neblige Wiese. Mami hatte noch kurz überlegt, so von wegen Networking, aber es war wirklich sehr neblig, ziemlich kalt und die Wiese war ganz bestimmt wieder total nass ... Also gar nichts für so kurzbeinige Winzlinge wie mich. Tja, ich hatte dann viel geniest und die Nase lief die ganze Zeit. Molli war auch krank, dabei hatten wir uns gar nicht verabredet damit. Möpse verabredeten sich nämlich miteinander. Und darum sang ich auch immer wie ein Kakadu, wenn Molli gehen musste. Ich konnte ja jetzt schon einige Fremdsprachen: Mops, Butterlamm, Kakadu und total genervt ... Nach einer Stunde Kakadu im Sprachlabor war Mami immer dann total genervt, weil alle schon ganz belämmert guckten und den kleinen Affen suchten, der da so ohrenbetäubend herumschrie.

Erst am nächsten Tag trafen wir uns auf der Hundewiese, weil die Sonne endlich wieder schien, aber wir waren beide nicht gut in Form. Dann kam mal wieder Bella an und klaute Molli sofort das Hasenohr. Sara bestand jedoch darauf, es sei ein Schweineohr. Ich vermutete matt, sie war dann wohl in Biologie gerade Gassi, als die Sache mit Ohren dran gewesen war ... Oder in Ungarn gab es Spitzohrschweine, konnte man natürlich nie wissen! Molli war auch ganz matt und ließ sich das Ohr einfach anstandslos aus dem Mäulchen nehmen. Ich fand Nahrungsmittel auf der Hundewiese sowieso blöd und undurchdacht. Mami war scheinbar meiner Meinung, denn sie sagte: »Wenn du Streit willst, bring dringend Spielzeug und Futter auf die Hundewiese mit …!« Sara war wieder sofort beleidigt. Ich hatte schon gemerkt, dass Sara Kritik nicht hören wollte. Sie war dann immer so, wie Miss Piggy, wenn Kermit sie wieder mal nicht heiraten wollte …

Dann musste ich schon wieder als Shoppingberater mit! Drei volle Stunden wurde ich in der Tasche herumgeschleift und mir war wieder viel zu warm. Also hing ich vorne mit zwei Pfötchen und dem Gesichtchen aus der Tasche raus. Aber es war alles so eng da, und alle naslang wurde ich mit dem Gesicht in irgendwelche Kleiderständer gesteckt oder auch mal angerempelt … »Samstags gehen normale Menschen ja auch nicht Shopping!«, sagte Mama, schon von dem Gedanken entkräftet. Aber ihr Kumpel Christian sagte nur bockig: »Ich bin aber nicht normal!« Das fand Mami dann nach den drei Stunden spätestens wohl auch … Ich hing aus der Tasche und war von der schlechten Energie genervt, die sich verbreitete, weil dieser Christian so ein ausgemachter Miesepeter war. Alles, was Mami freundlich vorschlug, gefiel ihm nicht! Einfach *nichts* war gut genug für ihn! Sie fragte ihn dann schließlich schon etwas sauer, warum er uns eigentlich unbedingt dabeihaben wollte – als psychischen Punchingball? Er wusste es nicht. Dabei sah der nun, unter uns gesagt, so toll echt nicht aus! Und auch nicht so toll, dass so viel unfreundliches Anspruchsdenken das noch irgendwie rausgerissen hätte … Nur gut, dass ich mein Fellchen hatte! So ein Fell-Pyji ist fast selbstreinigend, zeitlos modern, macht jede Bewegung, ohne zu ziepen, mit und sitzt wie maßgeschneidert, selbst noch an den schwierigen Zonen! Mit seinem Fellchen ist so ein Mops einfach immer schick angezogen. Und: Schwarz ist ja auch modisch einfach unverrottbar! Als wir es dann *endlich* geschafft hatten, sah der kastige, kleine Christian mit den neuen, kleinen, kastigen Klamotten genauso klein und kastig aus wie in den alten, kleinen, kastigen Klamotten … Das war doch wohl völlig unnötig, fand ich matt, schade um das Geld, das hätte man mal besser verfressen! Mama hatte sich dann vor lauter Frust neue Gummistiefel gekauft: rot mit Möpsen drauf … Musste das immer sein.

Ich hatte dann jedenfalls erst mal das nagelneue Auto vom Christian total vollgekotzt. Mama hatte mich schließlich »unseren Freund Schwallimero« genannt, als mir in der flotten Rechtskurve dann restlos spuckig wurde. Ich habe dann in absoluter Geberlaune einen schönen Schwall unverdaute Möhren mit Reis auf Tasche, Hose und den neuen Autoteppich gekotzt. Das Zeug war noch nach Stunden des Geschaukels in der Tasche fast wie neu! »Riecht nur aber leider nicht mehr ganz so neu …!«, sagte Mama würgend. Das ungesunde Dosenfutter und den Joghurt hatte ich dann wohl raussortiert und wegverdaut, aber der ganze gesunde Rest musste einfach aus mir raus. Mit nassen Blättern vom Straßenrand hatte Mama dann die neue vollgekotzte Hose, das neue vollgekotzte Auto und die neue vollgekotzte Tasche einigermaßen wieder sauber gemacht. Konnte mich aber nicht mal an der Rache freuen, die ich an der Tasche nun endlich doch noch verübt hatte. Jetzt roch die nämlich auch noch komisch, außer dass die sowieso schon so doof und viel zu heiß war. Och, mennö ...

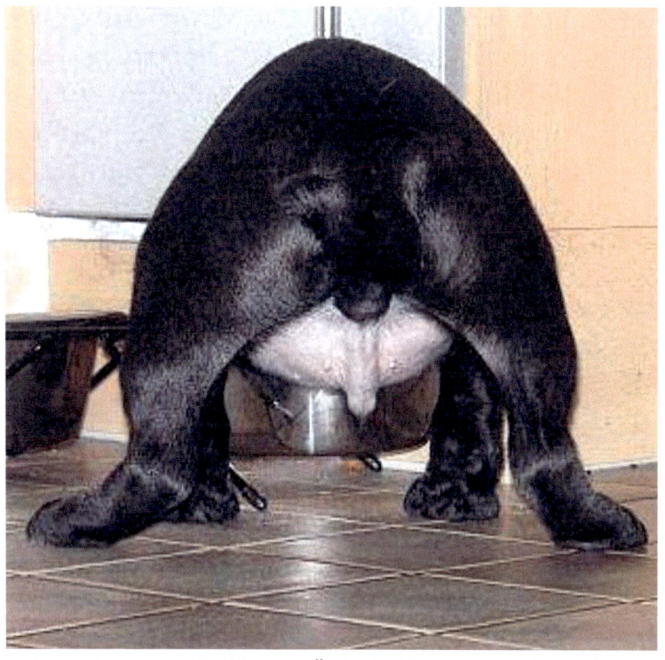

Möpse legen sehr viel Wert auf Ästhetik. Typisch Palasthund eben.

Quelli

Ich war immer noch erkältet, es wurde aber schon wieder besser, glaubte ich. Es gab was Neues! Damit konnte ich Mami wieder besser trainieren! Das hieß Trainingsdisks und damit sollte ich jetzt dann mal arbeiten. Fand ich eigentlich ganz cool ... Wenn ich nämlich Mist baute, schmiss Mami die vor mich hin, die schepperten laut, ich nahm sie zur Kenntnis und schaute dann höchst interessiert hinterher. Weil ich ja jetzt aufgehört hatte mit dem Unfug und gerade mal *gar* nichts machte, gab es dafür jetzt ein Guti. Nicht schlecht die Rechnung: Scheiße bauen, damit aufhören und naschen ... Ich mochte die Trainingsdisks! Mal sehen, wann sie draufkam, dass sie sich damit die ganze Zeit selber behumpste ...

Aber das Tollste kam ja erst noch! Ich war heute Nacht original heimlich gewachsen, man konnte es sogar richtig sehen. Und als Mami mir das peinliche pinkfarbene Geschirr anzog, ging es gar nicht mehr zu auf dem alten Loch! Haha, das gruselige Wachstumsgrauen hat zugeschlagen. Und Mami sang dabei zur Melodie von »Flipper«: »Man nannte ihn Quelli, Quelli, aus Berg am Laim! Er quoll schon raus, doch ich stopf ihn rein ...!« Genau, El Diabolo, der Mutant aus Berg am Laim! Ich würde wahrscheinlich an Ostern schon die Stadt zermalmen. Mit nur einem einzigen Furz nach den üblichen Rübchen. Apropos – nein, lassen wir das jetzt besser ...

Wachsen ist *so* toll! Gestern konnte ich zum Beispiel noch nicht auf das Sofa und den Piranha spielen: schnappen, beißen und zerren an Kleidern, Tüchern und Nasen … Und heute dann: Oh, Wunder! Ich hatte keinerlei Hilfe und hüppte einfach so aufs Sofa, als wäre das nichts! Da hatte ich mich glatt über mich selber erschrocken! Mami sagte erstaunt: »Fliegst du mit Biogas, totaler Rückstoß, oder so? Ich riech hier so was …« Und als ich *das* dann hörte, fiel ich vor Schreck gleich rückwärts wieder vom Sofa runter und blieb da dann erstaunt auf dem Rücken liegen. Aber ich schritt natürlich sofort erneut zur Tat! Raufhüpfen und voll in alles da oben reinbeißen! Das hatte dann leider erst Geschrei und dann irgendwann sogar Haft zur Folge … Denn das zehnmalige Runtersetzen hatte leider nur in elfmaliges Raufhüpfen und erneutes schmackhaftes Reinbeißen gemündet …! Nach ein paar Minuten hinter Gittern hatte ich es dann endlich kapiert: The Queen was *not* amused from my Milchzähnchen! Ich bin dann mal, nach meiner Amnestie, mühsam da wieder aufs Sofa raufgeklettert und habe mich einfach wortlos hingeknallt, wo ich eben gerade an Land gekommen war. Vorsichtshalber habe ich einfach, auch erschöpft von den ganzen Anstrengungen, sofort zu schlummern begonnen. Das war aber schön: auf dem Sofa zusammen kuscheln mit Mami!

Er kriegt den Föhn

Das Wetter war total unwelpig und Molli war auch immer noch nicht ganz auf dem Damm. Hatte am Wochenende mal wieder nach langer Zeit mitten auf den Teppich geschissen ... Dann ging es ihr sicherlich nicht so gut. Apropos: Draußen musste ich dann leider *nicht*, räusper. Aber drinnen dann, plötzlich, alles ungeplant, ich schwöre! Ein riesiger Uralsee auf der Plastikfolie und eine Riesenwurst im Bad. Und *das* war dann eine fette Sauerei, Mami war total unbegeistert! Ja, das kam aber nur deshalb, weil ich doch *auch* beim Aufräumen helfen wollte! Weil ich nämlich versucht hatte, die Wurst wenigstens noch nach altbewährter Manier nach hinten, in das nicht vorhandene Gebüsch, zu schleudern ... Und dann bin ich zuerst drauf ausgerutscht und beim Rückwärtsgehen auch noch mehrfach reingetrampelt und noch mehr ausgerutscht! Wollte aber nun mal aufräumen und habe noch emsig nachgetreten ... Tja, ein Teil der Geschichte klebte dann einen halben Meter hoch an der Wand. Der ganze Rest war völlig breitgelaufen und leider über ein Areal von gut einem halben Quadratmeter verteilt. Mit Pfotenabdrücken und allem! Habe vorsichtig noch mal nachgeschaut, bin aber aus Versehen schon wieder da reingetrampelt ... Auf dem Weg raus bin ich noch mehrfach drauf ausgerutscht und habe das Zimmer lieber vorsichtshalber über den hochflorigen, hellen Badvorleger verlassen ... Tja. Als wir dann nach dem ganzen Putzen, Fluchen, Sprühen und Lüften rausgingen, lief jedenfalls schon wieder mal die Waschmaschine ... Auch mit da drin: der Überwurf vom Sofa, der Badvorleger, mehrere Lappen, eine Hose, Hugo, Hasi, der Feudel und die kleine Fußmatte. Tja …

Der fette Perser hatte heute schon wieder was geklaut. Diesmal waren es aufgetaute Krabben und die hatte er dann glatt so mit der Schale gefressen, noch *nach* dem normalen Essen! Der meinte wohl, dringend was gegen seine Figur tun zu müssen! Und dann hatte er natürlich alles wieder ausgekotzt. Das fand *ich* hingegen ja nun wieder total interessant! Gefressen hatte er die ganzen Dinger in Hellgrau, ausgekotzt waren die dann aber plötzlich hellrosa, also fast schon gar … Wie spannend! Aber eine Geschmacksprobe war leider nicht drin, Mami war schneller, trotz Fluchens und Jammerns, schade eigentlich!

Zwischen dem achten, neunten und mitten im zehnten Regenschauer heute hatten wir dann draußen in der Wiese gespielt. Es war dann etwas wie Brustschwimmen, so nass war das da! Sara erzählte genervt, dass Molli sich einfach nicht föhnen ließe und jedes Mal unheimlich viel Theater mache, selbst dann noch, wenn ein doofer Zahnarzt sie dabei festhielt. Sie sei original wie ein wilder Karpfen an Land! Mami sagte fachmännisch: »Kenne ich. Das ist dann wohl der Föhnflip gewesen …« Und es hatte sie dann wohl leider auch noch auf Ideen gebracht … Ja, vielen Dank dann auch! So was dachten sich Menschen bestimmt nach der Hundewiese aus: »Ich soll ja täglich meinen kleinen Welpen quälen, was machen wir denn heute so mit dem …?« So kam es dann auch: Kaum waren wir zu Hause, setzte sie mich auch schon auf den Wäschepuff und föhnte mich durch! Ich fand das aber ja wohl *so* was von cool …! Stellte mich auf die Hinterbeinchen, damit der warme Wind mir auch das Bäuchlein wärmen konnte, und kriegte einfach gar nicht mehr genug davon. Ja, ja, El Diabolo hatte eben einfach ein heißes Herz und liebte den heißen Wüstensturm …

Ganz große Liebe: Moolliiee und Kalliemährroh.

Klickerpanne

Erst Körperpflege und dann raus. Ich *hasse* aber Nase abwischen! Ich *hasse* Nasenfalte auswischen! Ich *hasse* Pfötchen eincremen! Ich *hasse* Ohren ausputzen! Ich *hasse* Augenglibber abgewischt zu kriegen! Ich *hasse* es, ewig gekämmt zu werden! Kosmetik war einfach Weiberkram, basta!

Hatte es dann einigermaßen bis zur Rolltreppe vom U-Bahn-Schacht geschafft, dann wollte ich jedoch spontan umdrehen und wieder nach Hause. War dann aber nicht! Ich benahm mich dann dementsprechend oberwelpig in der Bahn, zur Strafe! Ich biss einfach voll in alles rein, was in meine Reichweite kam: Haare, Jacken, Ketten, Taschen, Schuhe, Schals (lecker Schurwolle!) und noch mal den Schal und noch mal …! Mama war jetzt langsam leicht genervt, während sie nämlich noch die lange Kette aus mir rauspulte, war ich schon wieder in den Fransen vom Schal verbissen … Dann im Reißverschluss und in den Henkeln von der widerlichen Tasche! Dann in dem langen Ohrring! Mama hatte jetzt leichten Stress. Selber schuld. Alle lachten.

Und wo kamen wir diesmal raus? Schon wieder an der Tierboutique! Wir hatten doch den gelben Klicker verloren. »Seitdem *du* hier bist, mein Freundchen, ist immer was anderes weg in diesem verdammten Saftladen!«, fluchte Mami leise grollend, während sie mit mir um die Tasche kämpfte. Denn: Wenn ich mal gerade alles sollte, aber *nicht* in die Tasche – ja, dann musste ich aber

natürlich sofort und unbedingt in diese Tasche rein …!
Und dann stellte sich auch noch auf dem Rückweg raus:
Wir hatten den Klicker gar nicht verloren … Der Klicker war in einer bereits etwas von meinem Hintern eingetragenen seitlichen Falte der Tasche verwurschtelt gewesen … Falschen Schlitz erwischt, typische Klickerpanne … Tja, so hatte ich wenigstens wieder etwas Abwechslung gehabt und noch Streicheleinheiten mit getrockneter Entenbrust abgestaubt. Für Mami blieb dann nur das übliche Naserunzeln wegen meines neuen ach so asozialen Hundegeschirrs vom Fressnapf … Sie *sagten* zwar nichts, aber man konnte es ihnen laut und deutlich an den Gesichtern ablesen: »Dieses hässliche billige Geschirr trägt wirklich Krethi und Plethi! Was will die eigentlich mit so einem Palasthund, wenn sie nicht mal bereit ist, lumpige 110 Euro für ein anständiges Welpengeschirr auszugeben? Heute im Angebot: handgearbeitetes, weinrotes Gnuleder mit antiken französischen Bronzenieten und vergoldetem Karabiner!«

Ich kriegte, damit nicht wenigstens *alles* völlig umsonst gewesen war, einen reflektierenden Aufkleber für mein asoziales Welpengeschirr: MACHO. Das kam wieder nur wegen Sara! Die hatte nämlich schon nach ein paar Tagen meiner Bekanntschaft geschrien: »Kalliemärroo! Duu bießt ain Matschooo!« Mami guckte damals schräg rüber und sagte matt: »Ach, hört. Und das siehst *du* einem Hundebaby von hinten an, der da gerade mal fünf Zentimeter über der Grasnarbe rausschaut …?« Und Sara hatte bockig gesagt: »Ja! Säh iech dass sooforrt! Dass ießt ain Matschooo! Wierrßt Duu noch an miech denkän!« Ja, da hatte Mami dann wohl an sie gedacht … Ein kleines, doofes Schild an einem kleinen, schlauen Hund. Ein kleiner Macho also, jetzt war es dann wohl amtlich! Menschen sind aber auch irgendwie oft peinlich, oder … Da gab es ja sogar Schilder mit »Kampfschmuser« und »Der tut nix« und »FBI« und »Krümelmonster« … Wir armen Viecher immer! Den Aufkleber »Ich war es nicht!« hätte ich mir noch gefallen lassen, aber natürlich kriegte ich den nicht! Mama lachte und sagte: »Aber man soll doch nicht lügen! Du *warst* es ja meistens!« Pöh, ich weiß von gar nichts. Ich kriegte noch eine Trinkflasche und einen Riesensilikonnapf zum Auffalten für den kleinen Lunch zwischendurch. Und einen Lammkauschuh … Den würde ich dann zu Hause fertigmachen, aber so was von! Beim Kauen auf meiner neuesten Beute zu Hause überlegte ich mir dann, was ich mir wohl selber für einen coolen Aufkleber gemacht hätte: »Don't panic! It's not my blood …!« Das wäre doch wirklich mal was, hatte auch nicht jeder – sagt doch mal …

Da haben wir den Salat

Mich miefte diese miefige Tasche ja so was von dermaßen an! Und da hing immer noch ein verträumtes Aroma von ausgekotztem, altem Reis in der Luft ... Aber alle Tricks halfen nicht mehr, Mama hatte die gewaltfreie Taschendiskussion jetzt abgeschafft und war plötzlich Tyrann und Diktator geworden! Ich machte also wieder so viel Tamtam, wie es nur ging, und plötzlich war dann ein Schalter bei Mami umgeschlagen. »Typisch für Stier-Geborene!«, sagte sie grimmig zu mir. »Erst geht das immer alles ewig und drei Tage. Alle wundern sich schon: Wie kann das da immer so weitergehen? Bis es dann eben plötzlich *gar* nicht mehr geht! Voilà ...!« Tja, rückblickend musste ich feststellen, dass ich diesen Punkt dann wohl aus Versehen irgendwann mal überschritten haben musste ... Mama sagte nämlich gar nichts mehr, lachte nicht mehr, fluchte auch nicht mehr. Sie nahm mich einfach gleichzeitig an Hinterbeinchen und Ärmchen, machte mich aussehen wie einen unglücklichen Hängebraten und ließ mich dann mit einem vernehmlichen Plumps in die verfluchte Tasche fallen. Ich war so dermaßen verwirrt über dieses Vorkommnis, dass ich schon angehakt und völlig eingedost war, bevor ich überhaupt realisierte, was da gerade passiert war ... Chapeau, Madame, so ein raffinierter Plan!

Dann im Kaufhaus fing ich erst wieder an, gegen die doofe Tasche zu kämpfen. Ich strampelte, quiekte, ächzte, japste, machte und tat riesig herum, aber Mami guckte nicht mal zum Gitterfenster rein und ließ mich einfach weiterrappeln. Eine Kundin sagte plötzlich neben uns: »Oh, mein Gott! Da sitzt ja ein Hundebaby drin, und ich dachte schon: Entweder werde ich gerade verrückt oder meine Einkäufe sind aus der Muppet Show …!« Ja, es war mal wieder El Diabolo, der Fluch der Niedlichkeit. Leider völlig erfolglos heute. Ich machte dann draußen aber schließlich so viel Theater, dass die Tasche ständig von der Schulter rutschte und schon alle Leute guckten, was da so kreischte und quiekte. Und dann erst kam ich schließlich nach einer Ewigkeit doch *endlich* wieder aus dieser verdammten Tasche heraus …! Aber es war heute wirklich außerordentlich harte Arbeit gewesen! Ihr wisst schon: Hängebraten-Blues, Tango Fatal, Torwandschießen, Grand Mal und dazu dann auch noch die Bee Gees als Zugabe … alles auf einmal! Und dann ging ich zum allerersten Mal in meinem Leben vom Marienplatz bis ganz rauf zum Sendlinger Tor. Eigentlich sollte ich ja immer nicht so viel am Stück gehen, weil die zarten Gelenke und ich zu fett und alles … Aber Mama hatte wirklich keine Chance und auch wirklich dann keine Nerven mehr! Ich bin kein Baby! Ich will in die Stadt! Ich will auch dabei sein! An die vielen Füße gewöhnte ich mich schnell … und all die Gerüche da … wie im Paradies!

Was aber wirklich das Tollste war, denn ich war ja jetzt völlig außer Rand und Band: Ich zerrte in jedes zweite Geschäft rein! Zuerst prügelte ich mich mit einem kleinen schwarzen Mops in einem Schaufenster. Dann rannte ich wütend da rein, um ihm mal gründlich die

Meinung zu bellen. Mama musste natürlich hinterher, sie hing ja am Band hinten mit an mir dran! Und was soll ich sagen: Da lebte doch tatsächlich *noch* ein kleiner schwarzer Mops in einer verspiegelten Säule! Na, *dem* habe ich dann vielleicht Bescheid gestoßen. Aber ich konnte ihn nicht finden, so oft ich auch immer wieder um die Säule rumrannte. Alle Ladenmädels brüllten: »Oh, guck mal, wie süüüß!« Ja, ja, ich weiß, ich bin El Diabolo, der süße Süchtigmacher … Mama war aber auch etwas genervt und rannte notgedrungen hinter mir japsendem und zerrendem Bündel in die Läden mit rein. Sie sagte atemlos im Vorbeirasen: »Mein Name ist Calimero! Ich bin ein Mops und *ich muss jetzt hier durch*!« Auf dem Einkaufszettel standen dann am Ende bei mir: ein Brillengestell, zwei Paar Schuhe (für nach dem Zahnwechsel!), eine Tasche, zwei Gürtel und eine Buddhafigur. Ja. Ach ja: Mit zwei großen Packungen Gummibärchen hatte ich dann noch mächtigen Ärger. Ich schrie sie an und verprügelte sie mit beiden Ärmchen, ich sagte ihnen wirklich, was ich so von ihnen hielt! Das Ladenmädel sagte überfordert: »Jesses, so eine Aufregung …!« Genau. El Diabolo hatte starke Abneigungen, das musste hier keiner so genau verstehen! Dann wurde ich aber rigoros abgepflückt und aufgesammelt. Ich schlief schon auf der Rolltreppe zur U-Bahn in Mamis Arm tief ein …

Abends war es dann nass, kalt und dunkel und mit Molli stürmte ich durch den hinteren Garten vom Zahnarzt. Juhuuu, Donna Specki ging es auch schon wieder besser! War *die* heute aber wieder mal schnell! Wir kugelten wieder wie ein Rudel verrückter Wildschweine durch das nasse Gras und den Salat. Na ja, was heißt Salat … Eigentlich war das ja mal (Betonung auf *war*) ein anmutiges Nest mit hübschen Pfingstrosen gewesen. Aber dann kam ja leider El Diabolo … Und der rannte nicht *um* die Pfingstrosen herum, sondern *durch* die Pfingstrosen hindurch. Oh, Wunder der Schläue! Und dann kam Molli-Rolli auch drauf und walzte rigoros nieder, wo ich dann ja wenigstens noch einigermaßen stromlinienförmig hindurchgefädelt war. Was soll ich sagen: Das war es dann wohl mit dem Beet! Mama sagte lahm: »Oje, da haben wir wieder mal den Salat … Jetzt sieht es hier aus, wie Hiroshima und Nagasaki zusammen …« Seitdem heißt es dahinten dann nur noch »der Salat«. Der plattgewalzte Salat. Man nannte ihn auch El Diabolo, die Dampfwalze mit der neuen Namenskapsel. Sara drehte sich immer nur ab und sagte jammernd: »Oioioi, wie peinlich! Hoffentlich sieht uns hier jetzt keiner Oioioi …!« Aber das plattnasige Grauen kannte nun mal kein Pardon und machte auch niemals eine Pause!

Ich hatte doch jetzt, wo es immer schon so früh dunkel wurde, eine blinkende Leuchtkapsel am Halsband … Und sah damit dann aus, wie die allerniedlichste Leuchtboje im Meer der Nacht. Molli musste ja alles immer sofort nachgemacht kriegen, aber Sara konnte dann so ein Blinki auf die Schnelle nicht finden. Und Mami hatte wohl Demenz gehabt, als sie gefragt wurde … Also hatte Sara für Molli in der Not einen roten dicken Leuchtschlauch gekauft. Das Ding sah so dermaßen bescheuert aus wie ein radioaktiver Gartenschlauch: viel zu dick, viel zu groß, viel zu hell! Molli sah damit aus wie eine pummelige Hafennutte auf Kundenfang. Und damit Calimero Molli dann beim Spielen nicht einfach auszog und das Ding formlos an den nächsten Busch hängte, hatte Sara den Gartenschlauch an Molli dann schön festgezurrt ... Das bedeutete: Der ganze Rest vom Hals, was ja dann eine ganze Menge war, hing jetzt schön lappig oben und unten drüber. »Moolliiee ießt einä echtä Löwien!«, rief Sara stolz aus und ich dachte im Vorbeirasen wieder nur: »Biologie: teilgenommen! Seit wann hatten denn Löwinnen einen so breiten Hals ...?« Gut, in Ungarn gab es vielleicht den gemeinen Kragenlöwen, wusste ich natürlich jetzt so auf die Schnelle auch nicht ... »Ganz klar: Geschmacksache!«, sagte Mami »Der Weihnachtsbaum und die Hafennutte ... ich schmeiß mich noch mal weg hier ...«

Alcatraz goes Laufband

Hier spricht El Diabolo! Ich war heute mal wieder der Antiheld der Shoppingmeile! Zuerst war ich ja dann schon mal mitten auf der Straße ausgestiegen. Alles wie gehabt … Warmer Herbsttag, Calimero röchelte, also Klappe vorne offen, und Che Guevara stieg dann eben wieder mal aus der Serie aus. Ich bin nun mal einfach ein Außenborder mit dem Wahnsinn im Aszendenten! Mama brüllte rum, von wegen Armleuchter und Spinnen, oder Spinner, weiß ich jetzt nicht mehr genau. Jetzt war vorne wieder das verdammte Gitter zu, Mist. Bin dafür dann im nächstbesten Laden ausgestiegen, kaum als die Tasche den Boden berührt hatte … Das altes Spiel: El Diabolo ging eben innerhalb von Sekunden einfach oben raus, wenn der Reißverschluss dann endlich mal offen war … Tja. Mami packte die Lebensmittel in den Wagen, und ich sollte ja nun eigentlich *nicht* in Lebensmittelabteilungen mit rein! Mir aber war das ja wohl so was von völlig piepegal! Hatte man *mich* etwa gebeten, da in der Tasche zu sein? Nein! Calimero wurde wegen des ganzen Hantierens dann auch glatt ganz kurz auf dem Laufband abgestellt, denn Mami brauchte schnell all ihre ganzen Arme und alles. Aber Calimero hatte dann ja nun schon seit mindestens zehn Sekunden nichts mehr erlebt gehabt und das machte natürlich mal wieder schwerst erfinderisch! Und die Tasche kannte er schon, wie auch jeden da drin … Und dann schaffte Calimero sich eben Abhilfe und war *auch* mit auf dem Laufband. Bisschen Lauftraining schadete doch nicht! Das gefiel mir ja nun wieder mal … denn schon überholte ich jetzt Mami sogar von rechts! Dann kam der Scanner. Käse: Piep! Katzenfutter: Piep! Taschentücher: Piep! Hundewelpe: Pööööööp! Ganz großes Theater! Auf dem Scanner blieb ich dann nämlich hängen. Sah sicher seltsam aus so mit der Tasche unelegant am Hintern klebend und vorne dann in Taschentüchern, Käse und Katzenfutter verheddert … Alle lachten, alle bis auf die Kassiererin. Die schleuderte nämlich böse Blicke über ihre Lesebrille, weil solche Gulli-Tölen wie ich im Supermarkt schließlich verboten sind. Mama brüllte wieder mal rum, von wegen Flüchtling, Spinnen und volle Nase … Ich fraß derweil ganz unschuldig inmitten all den liegen gebliebenen Bons in der Schütte an einem Salatblatt: Eisberg, lecker! Welpe eingefangen, Salatblatt abgeschüttelt, Hund in die Tasche reingestopft, umgehängt und dann nichts wie raus da! Mama war noch in der U-Bahn sauer wegen des Auftritts wieder mal. »Die hängen da jetzt bestimmt ein Plakat von uns auf: NOT WANTED …!«

Keine Panik auf der Titanic

Mama war nur ganz kurz mit mir unterwegs im Kleiderladen, Schal kaufen, weil seit heute Winter mit Schnee und alles war. Schnee! Mein erster Schnee! War dann ein ziemlicher Aufstand heute Morgen. Denn zuerst mal hatte ich mich echt total gegruselt, da doch die ganze Welt plötzlich so fremd aussah. Und dann dazu auch noch kalt und nass war … Aber dann hatte ich mich schließlich ein bisschen vorsichtig darin paniert, etwas davon gegessen und war schnell genauso kalt, weiß und nass wie alles andere um mich herum … Dann ging es auch wieder! Aber dann brauchte Mami einen Schal, denn der Winter hatte alle hier wirklich überrascht. Wir also los, nach dem üblichen Tamtam und der schrecklichen Hängebratentechnik. Im Laden stellte sie mich nur *eine Sekunde lang* ab und probierte den Schal aus, durch die Gitter sah ich, wie Menschen liefen: hin und zurück, es war viel los da. Mama guckte nach dem Anlegen des Schals mal runter zur Tasche: Die Tasche war weg. Mama: Schock! Ihr Baby war plötzlich, von einer auf die andere Sekunde, spurlos verschwunden! Sie schaute absolut panisch hin und her – so viele Menschen, aber keine Tasche und vor allem: Kein Calimero! Dann schrie sie schließlich voll laut: »Diebstahl! Mein kleiner Hund in der Welpentasche ist weg!« Eine Kundin, sehr weit weg von ihr, lachte sofort los und rief fröhlich: »An meiner Hose frisst gerade etwas! Was schwarzes, sehr Aufgezwicktes! Ein kleiner Boxer oder so? Mit einer großen schwarzen Tasche hintendran!« Haha, der kleine Boxer mit der großen Tasche hintendran saß meterweit entfernt unter einem Kleiderständer und kaute völlig entspannt an einer fremden Jeans herum … War doch immer noch total langweilig, zehn Sekunden lang in der Tasche zu sitzen und keiner guckte … Jetzt guckten *alle,* cool …!

Ich packte dann zu Hause im Flur zum Trost erst mal die knisternde Plastiktasche aus, die jetzt doch schon so viel Panik gemacht hatte! Ich saß da und kaute selbstvergessen an unserem neuen Schal herum, den hatte ich mir ja nun aber auch wirklich verdient …! El Diabolo liebte Plastiktüten nämlich einfach über alles! Sprang darauf herum, kaute, zerrte, kämpfte, riss, biss und knisterte, dass es die wahre Freude war! Shoppingdoggy schlug also wieder mal zu und als Mama dann auch mal ins Wohnzimmer kam, hatte ich den Schal schon mal formlos reingezerrt. Er lag wie eine Zwei-Meter-Schlange zwischen Flur und Wohnzimmer und ich hatte schon mal mit dem Arbeiten angefangen: Er war am Ende bereits nass und eine Franse war schon abgebissen … Mama war begeistert!

Fand ich alles schon auch komisch, aber ich sah es schon: Man konnte mit ihr nicht einkaufen gehen, ohne Schreck, Polizei und alles! Ich musste also dringend mit ihr in die Schule gehen! Nächstens pinkelte sie noch an eine Kleiderpuppe … Mama war aber doch auch leicht blöd irgendwie, oder? Warum brüllte sie denn nicht: »Moolliiee – hier!« Dann kam ich doch sofort …? Auf »Calimero« hörte ich ja dann leider oft nicht, weil Sara mir beigebracht hatte, dass ich auch »Moolliiee« hieß. Und immer noch, wenn ich dann vorsichtshalber mal gucken kam, gab es wieder ein leckeres Guti … Also *musste* es ja einfach stimmen! Mami hatte Sara immer wieder genervt gefragt: »Ich verstehe das einfach nicht! Warum kommt mein Hund *nie* zu mir, wenn ich ihn rufe: Ich habe Leckerlis, Lob und alles! Aber wenn *du* Molli rufst, kommt er immer *sofort*!« Sara guckte ratlos und wusste aber auch nicht warum. Freute sich eben einfach, dass sogar zwei Hunde kamen, nicht nur einer. Und sie hatte auch offensichtlich nicht die geringste Lust, Mamas Problem zu lösen … Sagte dann nämlich leichthin: »Ö liebt miech ebän einfach!« Das mochte sicherlich stimmen. Aber es konnte dennoch, soweit Mama Hunde verstanden hatte, nicht des Mopses Kern treffen …! Mama war verstimmt, denn zu Hause wusste »Moolliiee« dann ja plötzlich auch immer wieder auf Anhieb, dass er eigentlich »Calimero« hieß! Also stimmte da doch etwas ganz und gar nicht … Und dann legte sich Mami mal auf die Lauer, was da los war. Sie war schrecklich genervt mittlerweile, weil das nun schon über drei Wochen so ging … Und dann plötzlich sah sie genau, was da *noch* so alles passierte, wenn Sara nach ihrer Molli rief, um sie zu trainieren! Calimero lief ja immer hinter Molli her, egal was Molli machte, und wurde dann von Sara für sein Hinterherlaufen auf das Kommando »Moolliiee, koomm!« glatt auch jedes Mal belohnt! Ganz schnell stopfte Sara dann nämlich auch ein Häppchen in Calimero rein und Calimero musste dazu nicht mal sitzen wie sonst immer bei Mami. Als sie *das* dann sah, ist meine Mama aber plötzlich stinksauer geworden, so hatte ich sie ja noch nie erlebt! Sie plärrte Sara an: »Sag mal: Warum trainierst du *meinen* Welpen seit Wochen ununterbrochen darauf, auf den Namen von *deinem* Hund zu hören und *dir* zu folgen? Du kannst ihn doch nicht ständig bestätigen, wenn er etwas Falsches tut! Und ich frag dich immerzu: ›Was ist da los, dass Calimero immer zu *dir* läuft?‹ Ja, fällt dir denn überhaupt nicht auf, dass du *meinen* Hund mit Futter *von mir wegtrainierst*, sag mal?« Sara sah gar nichts und noch weniger etwas Unangenehmes ein. Sie war nämlich schon wieder fürchterlich getroffen. Sie mochte das ganz offensichtlich überhaupt nicht haben, wenn jemand auch mal erwachsen mit ihr sprach. Sie warf wieder nur den Kopf in den Nacken wie Miss Piggy und sagte wütend: »Moolliiee, koomm!«, und rauschte ohne ein weiteres Wort, dafür aber tödlich beleidigt, ab. »Das fehlte mir gerade noch!«, rief Mami, jetzt ernsthaft sauer, hinter der abtretenden Diva her. »Was führst du dich jetzt auch noch *zusätzlich* so blöde auf? Wegen *dir* habe ich doch erst die ganzen Probleme!« Getue konnte Mami scheinbar sogar noch weniger ab als dummes Benehmen … Bei mir ist es genau anders herum …

Da war dann leider erst mal etwas Zwangspause mit meiner Molli! Bis ich ein für allemal gelernt hätte, dass ich nicht Moolliiee sei, sondern immer und ausschließlich nur Calimero. Das sagte Mami ganz entschlossen, trotz meiner aufgerissenen Kulleraugen. Sie meinte, sie sei es einfach leid, dass ich immer nur Sara und Molli hinterherliefe, wenn wir vier zusammen seien, egal was Mami brüllte und was Mami machte. Es nervte sie, dass ich nur noch zu Sara guckte, nur noch auf Sara hörte und mich mittlerweile so benahm, als wenn Sara meine Mama sein müsste. »Das hat dir deine Freundinn jetzt versaut!«, sagte Mama, die nach Tagen immer noch verstimmt war. »Ich hatte sie *so oft* gefragt, was da los ist: ›Abärr niechts iesst los! Ö liebt miech einfach!‹ Und dabei fühlte sie sich dann auch noch mehr geliebt von dir …!« Und dann sagte sie etwas versöhnter: »So was passiert immer, wenn Leute sich nur um sich selber kümmern und keine Lust haben, auch mal mitzudenken! Sie meinen es gar nicht böse, aber ihnen ist leider fast alles egal, Hauptsache ihnen selber geht es gut damit … Und wenn du *dann* Kritik übst, ist der Teufel los!« Das war mir jetzt dann alles ein bisschen zu viel vor dem Frühstück und ich ging daher mal lieber was zerkauen, zur Entspannung. Ich bin zwar ein großer Pischopath, aber Pilosophie vor dem Essen: nein danke!

Spur der Verwüstung

Madre Mio, was für ein Tag! Zuerst ging Mami in die Badewanne und *ich* nutzte die Zeit, um mal endlich wieder richtig gepflegten Mist zu bauen! Pflanze zerrupfen, Katzenbaum scheppernd durch die ganze Bude zerren, wichtig hier: wild knurren! Wichtig warum? Weil Mami nach viel Gebrüll von wegen »Lass endlich den Blödsinn, sonst kommst du als Rollbraten in die Suppe!« dann schließlich patschnass aus der Wanne gestolpert kam und mit Donnerblick tropfend fragte: »Was ist hier los? Wer frisst hier gerade wen? Und *warum* zum Teufel?« Voll lustig! Dann rumpinkeln. Drei kleine Uralseen to go … Die fand Mami dann aber erst später, damit die Fußsohlen nicht so schnell trocken wurden! Urea ist ja gut für Füße und das hier war auch noch bio, ohne jeden Zusatz! Dann die Katze jagen, bis sie laut fauchte. Wichtig hier: knurren mit lautem geiferndem, sich überschlagendem Bellen in den höheren Tonlagen. Mama rief wütend aus der Wanne: »Hört sofort mit dem Krach auf, ihr Teufelsbrut!« Nicht hinhören, auf keinen Fall irgendwie reagieren. Weiter bellen, weiter rennen, weiter fauchen, weiter rumpeln! Mama kam schon wieder. Nass, tropfend, schon wieder mit Donnerblick. Hihi, gleich wird hier der Boden gewischt … Mama ging wieder in die Wanne, Calimero begann derweil gemütlich an einer Ecke vom Teppich zu fressen. Dann machte er sich daran, die ganzen doofen Rosenkissen von den Stühlen zu zerren, dran herumzukauen, sich ein Nest daraus zu bauen und sich schließlich voll mitten draufzusetzen. Dabei arbeitete er am nassen, labbrigen Kaninchenohr weiter und besabberte damit dann die ganzen Kissen von oben bis unten mit irgendwas eklig grau-braun Schlibberigem, das dann später ganz schlecht wieder rausging. Wichtig bei allem: grunzen. Kleine, angestrengte Grunzgeräusche machen! Immerhin hab ich ein Marzipanschweinchen im Jupiter und den Teufel im Saturn, ja El Diabolo zog eine Spur der Verwüstung hinter sich her …

Abends wollte ich dann unbedingt mal wieder extrem schmusen, aber Mama bewegte sich immerzu. Ich robbte immer höher auf dem Sofa voran, bis ich irgendwie dann mit dem Kopf auf der kleineren von unseren Miezekatzen lag. Uuuhhh, wie warm und flauschig das da war und wie gut das roch! Die Miezekatze guckte recht komisch, als sie mich plötzlich dann schnarchend in ihrer Milz vorfand, aber Mama streichelte sie und sagte: »Das ist doch nur ein kleiner, verrückter Hund, hab keine Angst und lass ihn sich auf dich stapeln …« »Na gut …«, seufzte die kleine Miezekatze leicht genervt und schlief dann einfach unter mir weiter. Als sie dann irgendwann doch mal weg war, stürmte ich dafür dann ihren Lieblingsliegeplatz: Ganz oben auf dem großen, rechten Sofakissen und der Lehne … Da bin ich ganz alleine raufgekrabbelt, das war vielleicht eine Arbeit! Aber wenn man hier so lebte und lag, dann lebte und lag *ich* hier auch so! Bin also da reingekrabbelt und hab mich in dem leckeren Miezekatzenmief hingehauen … Roch wie ein ungemachtes Bett. Als ich dann langsam mit meinem dicken Po nach hinten immer weiter in die Mulde rutschte, sah ich noch gerade im Abtauchen, dass auf dem anderen Kissen gegenüber die Miezekatze schlummerte … We are a familiy.

Das peinliche pinkfarbene Geschirr, hoffentlich sieht mich keiner!

Stubenrein

Ich war ein Stubenrein, ich machte in die Stuben rein! Heute hatte ich mal wieder eine Supershow abgeliefert! Missmutig aufstehen, denn ich *mochte nicht*, ich war nun mal einfach kein Morgen-Mops! Dann ewig in der Küche rumstehen müssen und dann auch noch rausgeschleift werden sollen …! Ich blockte und bockte wieder mal aus Leibeskräften, Mama zog und zerrte wieder mal an mir widerwilligem Wutbündel: »Ko-homm, Pipiii machen gehen …!« Ich ächzte zurück: »Mach ich ja schon gerade! Nun zieh doch nicht so …!«, und prompt wurde es unter mir nass. Mama drehte sich um und klatschte sich an die Stirn: »Aaahhhrrrggg, du Wahnsinniger! *Die zwei Minuten* hättest du nun auch noch durchgehalten, ich weiß es ganz genau!« Ich machte das Köpfchen schief: »Hast du gesagt Pipi machen gehen! Und wir teilen, damit wir das zusammen schneller fertig haben: ich Pipi machen, du gehen …!« So, nun konnte ich meiner Meinung nach dann auch wieder ins Nest zurück, das war ja sogar noch ganz warm und ich dafür aber schon ganz leer …! War dann aber nix. Mama holte den gelben Lappen und ich rannte derweil dann etwas durch den Uralsee: großer Uralsee! Mit der Leine hintendran: hin! Und mit der Leine hintendran: zurück! Immer mittendurch geflitzt …! Und in der Steilkurve dann die nasse Leine hinter mir hübsch an die Einbauschränke klatschen lassen! Mama, mit dem gelben tropfenden Lappen mal wieder hinter mir her, brüllte, was das jetzt alles eigentlich solle! Ich legte das süße Köpfchen schief und dachte: »Was *was* solle?« Erst Pipi, dann gehen ... Oder jetzt doch nicht? Dann war es aber leider schon zu spät, raus war nun mal raus! Das war ja alles wieder mal total verrückt hier heute, keiner wusste, was er überhaupt wollte! Hätte sie mich einfach weiter schlafen gelassen, wäre überhaupt nichts Derartiges hier vorgefallen ...

Ich musste dann sogar getragen werden, denn ich *wollte ja nicht raus*! Stelzte völlig genervt durch die kalten, nassen Blätter und nieste vor mich hin. Rotz tropfte aus meinem Gesichtchen und Mami sagte entschlossen: »Morgen Tierarzt, my friend!« Ich versuchte dann mir selber auf die Pfote zu pinkeln ... Klappte nicht. Mama meckerte, weil die Leine klatschnass sei und weil sie leider auch wisse wovon ... Pech.

Abends gingen wir dann zu Peter und Knud. Ich war noch gar nicht ganz drin, da lag Peter schon am Boden: quiekte und strampelte wie ein Welpe! Und ich: gleich mal oben draufgeklettert! Und strampeln, fressen, kauen, sabbern, stupsen, super Stimmung hier! Ich knallte ihm dann gleich voll eine auf die Unterlippe, Amigo, autsch! Nach dem Ablachen und dem Kühlen machten die so komische Fünf-Tibeter-Übungen, obwohl die mit mir zusammen überhaupt nur auf dreieinhalb Tibeter höchstens kamen! Und dann zappelten sie herum und ich sprang immer mittendrin hinein. Aber als sie Übungen auf der Matte machten, legte ich mich dann halt zusammengerollt auch mal mit dazu, weil keiner mehr mit mir spielte. Ich war jetzt eine kleine Tempelkatze ... Die meditierten dann noch und als der kleinen Tempelkatze später dann mal etwas langweilig wurde, machte die währenddessen für die spätere Party eine Menge Konfetti aus der Zimmerpalme … El Diabolo, die zuckersüße Konfettimaschine, arbeitet für nichts als für ein bisschen Chlorophyll!

Dann haben sie gekocht und ich kriegte Tartar als Dinner. Musste ich mir aber verdienen: Wir übten wieder »Gib Pfote!« Das war ganz schön anstrengend, denn ich musste ja *erst* sitzen und aufpassen und nicht rumzappeln oder so und *dann* auch noch die Pfote geben. Aber für rohes Tartar machte ich einfach alles! Ging auch schon ganz gut … Kam ich jetzt damit in den Zirkus?

Peter ging dann mit den Tellern aus der Küche und kam ohne Teller, aber dafür hüpfend mit komischem Gesicht in die Küche wieder rein, die rechte Socke tropfte. Mama hustete und guckte unbeteiligt in den Topf, und dann nicht wieder hoch. Peter sagte überrascht auf und ab hopsend: »Wasser ist das nicht, lag aber als Lache an der Zimmerpalme und dem ganzen neuen Konfetti! Komisch …« Mama fand das gar nicht komisch, sie lachte auch nicht. Mama hatte scheinbar einen ziemlich klaren Verdacht, *was* das da in der Socke war und vor allem *in wem* es vorher gewesen ist! Knud ging also mal nach dem Wasserschaden gucken, während Peter seine nasse Socke wusch: »Oh!«, rief Knud erfreut. »Viel gelbes, warmes Nass … Hier hat wohl jemand einen kleinen Bodensee angelegt … Ein japanischer Garten mit Palme, Konfetti-Emblem und Teich …« Genau, hätte ich euch auch *gleich* sagen können, aber mich hat ja mal wieder keiner hier gefragt! El Magico hat trockenes Parkett in nasses Parkett verwandelt, tataaa! Gestern Plattensee in Ungarn, heute Plattensee im Plattenbau. Schnell, ruft das Fernsehen, bevor ich ganz leer bin!

Kleiner Sergeant

Heute Tierarzt, schon wieder ein Piekser, gut dass ich so speckfaltig war! Ich war aber trotzdem sehr gerne da, denn alle waren immer so nett zu mir, und ich habe heute dann mal als Gastgeschenk ins Wartezimmer gepinkelt. Der Arzt hatte dann selber höchstpersönlich lachend seinen gelben Lappen geholt und den Bodensee wieder aufgewischt! Nach dem Pieks (hab gar nichts gemerkt) bekam ich dann Leckerlis … Ich glaub, hier kam ich dann jetzt mal öfters her! Und endlich ging es mir dann auch wieder viel besser, denn die Nase lief schon nicht mehr und ich konnte auch wieder besser atmen. Dafür musste ich jetzt immer angezogen werden: ein wollener Armee-Welpenpullover. Mit Schildkrötenkragen, Patten, Ärmchen und Dienstabzeichen! Hatte ich mal wieder meiner Zuchtmami zu verdanken! Die hatte da nämlich so einen Shop mit lauter Hunde-Accessoires, Klamotten und Zeugs! Sie hatte dann bei Mamis Anruf gleich gesagt: »Er rotzt immer noch? Und jetzt ist der Rotz schon gelb? Prima, das sind dann wohl Streptokokken und wenn dann die Staphylokokken noch dazukommen, wird morgen der ganze gelbe Rotz auch noch grün werden! Dann mal gleich zum Tierarzt hin: Spritze und Antibiotikatabletten!« Sie hatte dann ein ganz schlechtes Gewissen, weil ihr kleiner Knecht in kaltem München ganz nackt herumgestanden war und sich nun auch noch erkältet hatte! Sie sagte: »Bestellen Sie sich einen Welpenpulli aus meinem Shop, ich meine es nur gut, und zwar mit euch beiden! 35 Euro für den Pulli, ist eine einmalige

Investition, außerdem vererbbar. Oder 35 Euro für den Tierarzt, nach Belieben auch vierteljährlich oder sogar noch öfter. Danach dann jeweils Darmsanierung nach den ganzen Antibiotika! Es ist ganz allein Ihre Entscheidung …« Mami sagte ergeben, aber unfroh: »Ich nehm dann mal den peinlichen Pulli …« Und Zuchtmami sagte trocken: »Gute Wahl. Ist morgen da!«

Und so war es auch: Jetzt bin ich ein kleiner Wicht im Wollpullover! Mami ächzte beim Pulli-Anziehen-Kampf, denn ich gab wirklich mal wieder alles! Beim Ärmchenreinstopfen fing ich an zu zappeln, zu grunzen und zu prusten. Mami sagte genervt: »Hör auf so blöd zu atmen und hör endlich auf zu meckern! Frag doch lieber *mich* mal! Mein kleiner Stadtwolf trägt jetzt auch noch olivfarbenen Feinripp – sag mal, musste das jetzt sein? Ich denk, du bist ein Hund? Und *jetzt* bist du eine vierbeinige Babypuppe in einem winzigen Pulli! Wie peinlich ist *das* denn bitte?« Ich legte das Köpfchen schief, was fragte sie *mich* denn das? Hatte sie denn nicht aufgepasst beim Mopsbücherlesen? Kurze Nase hieß: keine vorherige Luftanwärmung und keinerlei Befeuchtung. Und das hieß: Kalte und trockene Luft war immer gleich so in der Lunge drin. Und wenn die Lunge dann auch noch kalt wurde, kam natürlich der Rotz als Antwort. Kam dann aber die kalte, trockene Luft in eine warme Lunge, blieb alles gut … Logisch, oder! Und weil unten am Bauch und am Pipi auch kein Fellchen dran war, sollten es doch wenigstens die kleinen Nierchen kuschelig haben! Aber Menschen konnten oft wohl nicht richtig denken: Glaubte Mami denn etwa, ich hätte ein Winterfell wie ein Indianerpony? Wo sollte ich das dann bitte herhaben, wo ich doch auch mit Zentralheizung lebte und nicht im Winter auf der Koppel herumstand …? Und wo schon kein Winterfell war, da brauchten kleine Hunde, je platter die Nase war, eben auch einen kleinen Pullover … Basta!

Ich fand den ja zugegebenermaßen auch reichlich doof, aber er war schön warm und ich habe ihn sofort, nach einigem Heckmeck, schlecht inszenierten Ohnmachten, schwach angetäuschten epileptischen Anfällen, versteiften Vorderbeinchen, Hinfallen und Nicht-wieder-aufstehen-Können und einer Menge Bestechungsgeld, getragen, als hätte ich nie etwas anderes getan …! Und im Wartezimmer beim Tierarzt war es dann richtig cool! Ich Winzling im olivfarbenen Feinripp kam rein, ein Mann sprang sofort auf, legte die Hand an die Stirn und grüßte zackig: »Seeerrrgeeeaaannnttt!« Und ich stand da und guckte völlig begeistert den Strammstehenden an. Mami sagte trocken: »Rühren!«, der Mann lachte und sagte: »I am an American! And this is an original US-Army-Pullover! He is a Stuff-Seeerrrgeeeaaannnttt!« Da war Mami auch wieder etwas versöhnt mit dem doofen Fummel und ich sah, wie sie eine Idee kriegte …

Und dann ging es zu Hause auch schon gleich los: Calimero hatte einen neuen Trainingsnamen: »Seeerrrgeeeaaannnttt!«, und kam wie der Blitz gerannt, egal mit was er gerade beschäftigt gewesen war! Nix mehr mit Moollliiee … Ich glaub, ich lief wieder in der ganz richtigen Spur jetzt! Oh, und musste ja so viel arbeiten als kleiner Sergeant! Durfte nicht an mein heißgeliebtes Futter ran, bis Mami mit doofem Piepsstimmchen brüllte: »Seeerrrgeeeaaannnttt … Hammhamm!«, und dann machte kleiner Sergeant aber Hammhamm!

Der kleine Sergeant liebt es, Trambahn zu fahren …

Pulloverflip

Aber der Pulli war ja nicht nur doof, Calimero, der kleine Sergeant aus der Hölle, wusste ja schon immer, wie er sich Spaß verschaffen konnte! Nun könnte er da ja einfach im Flur stehen und sich anziehen lassen. Klar, das ginge, ging aber leider dann nicht, weil es auch voll gegen die Regeln wäre. Wie, gegen welche Regeln ... Na, die Regeln des Flips natürlich! Sie besagen: Wann immer du ausflippen kannst, dann flippe auch aus! Und das beherrschte ich ja nun wirklich ... Ich stand da ganz reglos und brav, *bis* sie mit dem Pullover kam! Ich wartete aber immer noch, bis sie sich dann hinkniete und Anstalten machte, ihn mir über den Kopf zu ziehen ... Und dann: Flip! Ich machte aus dem Anziehen des grünen Wollschlauches wirklich jedes Mal ein echtes Fest und ich verpasste niemals meinen Einsatz. Pflicht ist Pflicht und Flip ist Flip! Mami sagt mit der piepsigen Sergeantstimme: »Seeerrrgeeeaaannntt: Köpfchen!« Dann hielt der Sergeant die kleine Rübe steif hin, hinten tänzelte es dann aber immer schon mächtig. Wenn der Pulli dann über den Baffi flutschte, machte ich dann auch jedes Mal prompt die Kinnlade auf und verbiss mich total im schicken Schildkrötenkragen! Mami musste dann fummeln und lachen und alle kleinen Zähnchen wieder aushaken und dann dran zerren, und ächz, lach, lach, lach ...! Weiter: »Seeerrrgeeeaaantt: Beinch...« Der Hund hob das Vorderbeinchen und stand stramm, täuschte dann aber sofort einen dieser nur schlecht gefälschten epileptischen Anfälle vor und stürzte quiekend zu Boden. Wo er sich dann übergangslos, vorne bereits halb im Pullover steckend, prompt zu wälzen begann und dabei dann strampelte wie eine gestrandete Schildkröte. Also musste Mami immer erst noch die breakdancende Amphibie wieder einfangen und irgendwie die zappelnden Ärmchen dann in den am Hals bereits schlackernden Pullover stopfen … Dazu: das Tier umdrehen, Gegenwehr und Fluchtversuche abwiegeln, alles zurechtzupfen … Schon wieder Epilepsie, kaum dass die jetzt gerade aufgerichtete Schildkröte Bodenkontakt fühlte … Dann die Lachtränen wegwischen und den Lidstrich erneuern. Jetzt noch das Pulligeld bezahlen, auch der fetten Katze, obwohl die eigentlich nur ein Zaungast ist. Aber so hat sie sich mit meiner Anwesenheit wohl schließlich etwas besser angefreundet … Sie hat nämlich schnell gecheckt: Hund = Leckerlis: »Da bleiben wir doch besser jetzt mal in der Nähe und tun was für unsere Lebensqualität!«, muss sie sich irgendwann mal gedacht haben.

Und nun ging es in die zweite Runde: das Geschirr! »Seeerrrgeeeaaannntt: Köpfchen!« Kleiner Sergeant war immer noch etwas außer Atem an dieser Stelle und hielt dann das Köpfchen hin. »Seeerrrgeeeaaannntt: Beinch…« Kleiner Sergeant hielt das Beinchen schon hin – steil in die Luft vor sich und komplett durchgestreckt. Ungefähr wie der Hitlergruß. »Uuund stillgestanden!« Der Hund verharrte. Bis das Geschirr dann beim Schließen klickte: »Aaattackeeee!« Und schon ging wieder ein Tanz sondergleichen los! Abschließend wieder Leckerli für Hund und Katze … Dann kam endlich die Leine. Klick. »Jaaa, feine Leine, du bist ein Fineliner, feeeiiin!« Und noch mal: Gutis fürs Volk … UFF, hartes

Publikum hier. Mami nannte den ganzen Auftritt nur noch: »Der Todeswurm tanzt seinen Pulloverflip.«

Jingle Bells, Jingle Bells, die Fellkugel ist tot...

Trockenfutterversager

Ich bin übrigens kein Welpe mehr, sondern mittlerweile schon ein Junior! Und ich wachse, als wenn ich es bezahlt bekäme! Bekomme jetzt auch schon Juniorfutter, das schmeckt mir aber genauso gut weiterhin! Ich bin eine kleine Fressmaschine, eine Napffräse und immer noch so gertenschlank mit Wespentaille, obwohl ich den ganzen Tag lang kaue und kaue und kaue …! Züchtermami hat Fotos gesehen, wie Speedy Gonzales gerade ohne Bodenkontakt vorbeiraste, das Ganze dann etwas unscharf wegen der Schnelligkeit. Sie sagte dazu: »Huch, wetzte da ein Terrier vorbei …? Aber Schwarz macht ja schlank!« Catwalk, Paris, ich komme! Ich bekam da jetzt also nicht mehr jeden Tag morgens Pampe und abends Pampe, sondern morgens Pampe und abends Hundecrunchies! Oh, ich mochte es sehr, wenn es bröckelte, splitterte, krachte und dann überall herumflog! Zumeist musste ich mein Essen ja nicht mal kauen, denn all die Pampe saugte ich einfach immer mit der Zunge breit an, ungefähr wie ein Frosch. Und schluckte dann gleich zügig trocken ab! Beim Trockenfutter funktionierte das alles aber dann nicht mehr so gut! Das Aufkleben des Futters auf die Zunge ging dann gerade noch so eben nach dem Aufstippen, aber trocken abschlucken hieß hier dann leider nur: Röchel! Spuck! Hust! Dann katapultierte ich das Zeug keuchend auch nicht selten gleich wieder unbenutzt heraus. Das hieß: feuchtes Trockenfutter mit ca. Tempo 50 – direkt an den guten Einbauschrank gespuckt! Da prallte es dann natürlich sofort ab und ich lief der Flugbahn hinterher und fraß alles begeistert gleich noch mal …! Und: Röchel! Spuck! Hust! Und nun ratet doch mal, wer gar nicht so begeistert von diesem ganzen Szenario war …? Die Miezekatzen …? Falsch! Die sammelten doch auch Versprengte im Minenfeld ein, blieben immer hübsch in meiner Nähe, wenn ich Krieg an meinem Napf spielte. Die beiden fanden das echt unterhaltsam so. *Mami* brüllte die ganze Zeit des Fressens, Spuckens und Röchelns über Sachen wie: »Kauen! Kauen! Du musst auch mal kauen!« Aber ein Reinsaug- und Runterschluck-Boy war nun mal kein Kau-Boy! Kauen war anstrengend und man brauchte wirklich viel zu lange dafür! Und vielleicht fraß mir dann in der Zwischenzeit auch noch ein anderer Wolf das Futter weg! Einer, der es nicht nötig hatte, erst noch langwierig vorher drauf herumzukauen! Man musste einfach schnell sein in der Natur, auch in der Natur einer Vorort-Einbauküche! Sicher ist sicher, und das hieß dann eben: Röchel! Spuck! Hust! Mami sammelte genervt all das ausgekeuchte, angespuckte, feuchte Trockenfutter wieder ein und sagte: »Nee, so geht das nicht! Du bist mir viel zu unreif für das Trockenfutter! Wenn du die ganzen dicken Brocken da nicht kaust, sondern einfach alles nur trocken abschluckst, erstickst du mir noch, ich sehe das schon kommen!« Darum weichte sie mit einer Mischung aus Milch und Wasser alles ein und ließ es stehen. Als es dann schön pampig war, wurde es gequirlt und Calimero durfte sich den Hundepudding dann schmatzend reinschlabbern. Kannte man ja nun schon: Mäulchen aufklappen, Zunge breitmachen, Lappen ausfahren, Futter großflächig aufkleben, beladenen Lappen wieder einfahren, zügig abschlucken! Mami fühlte sich damit viel besser. Calimero aber leider nicht, nur das wusste da noch keiner …

El Diabolo in seiner gruseligsten Tarnung: Die totale Niedlichkeit!

Hundepudding

Drei Tage ging das gut mit dem Hundepudding, dann stand Calimero plötzlich abends im Zimmer. Er war mit einem lauten Quietschen und in vollstem Schrecken aus seinem Nestchen aufgesprungen, hatte jede Menge Schaum vor dem Mund und zitterte, röchelte, tippelte planlos rückwärts. Er ließ sich nicht anfassen und sah ganz blass und unglücklich aus! Mami war zu Tode erschrocken, was war denn *jetzt schon wieder* los mit Calimero? Wusste ich doch auch nicht: Bäuchlein-Aua! Mami rief vor Schreck erst mal den Tiernotdienst an, während sie mit einer Hand zitternd die Bachblütentropfen aufzudrehen versuchte. Die waren da aber ganz entspannt: »Ach, Schaum vor dem Mund …?« Ja, wenn ich keine Luft mehr kriegte oder ganz schlimm zu krampfen anfinge oder Blut liefe aus dem Maul oder ich schrie vor Schmerzen … Dann solle sie halt mal mit mir vorbeikommen … gell. Mami sagte trocken: »Prima Plan: dreizehn Kilometer Luftlinie, kein Auto, Hund hat Atemnot und blutet aus der Lunge … Ich nehme dann wohl besser mal das Batmobil …!«

Dann rief sie mal wieder lieber meine Züchterin an und der erste Satz war: »Sorry für die Uhrzeit, aber Gott sei Dank hab ich sie jetzt erreicht!« Mami war natürlich in leichter Panik: erster Mops, erster Schaum, was will man da machen und was *muss* man da machen? Die Züchterin war auch nicht sehr froh, das lag vielleicht auch einfach an der Uhrzeit und dass im Hintergrund der Fernseher lief. Sie war dann aber ganz ruhig, sie vermutete nämlich, mir sei richtig grottenübel, das sei so tatsächlich ein relativ typisches Bild. Gerade männliche Welpen hätten das manchmal so drastisch, weil ihnen ganz gerne mal total der Kreislauf abrausche. Und man solle auch das seltsame Wetter bedenken: vierzehn Grad im November, Föhnsturm, Tiefdruck – und das alles schon seit Tagen. Möpse hätten einen eher sensiblen Kreislauf und reagierten auf solche Dinge eben … Umso mehr, wenn sie noch so winzig waren wie ich.

Dazu kam möglicherweise dann auch noch: irgendwas Blödes reingefressen auf der Wiese. Z.B. eine verträumte Echinokokke, eine komische Beere, irgendwas Angepisstes … »Wer weiß das schon, das geht immer so dermaßen schnell! Selbst wenn man danebensteht und guckt, kaut er doch schon wieder auf irgendwas herum!«, sagte die Züchterin in komischer Verzweiflung. Zum Thema: »Und der ganze Schaum!?«, sagte sie nur, dass wenn der die Farbe verändere, insbesondere zu Rot, sei höchste Alarmstufe geboten! Sollten Bewusstseinseintrübungen eintreten, harter Bauch mit Krämpfen, verdrehte Augen, Schmerzen, blutiges oder sonst irgendwie buntes Erbrechen, möglicherweise Atembeschwerden … dann bestünde Verdacht auf eine akute Vergiftung! Das Bild sei aber, auf die Distanz gesprochen, jetzt eher untypisch. Außerdem ginge es meistens dann auch schnell in die Vollen, wenn wirklich eine Vergiftung vorläge …

Mami überlegte krampfhaft: »Er hat Waldi heute Nachmittag wieder mal alles nachgemacht: Löwenzahn geschreddert, Gras gefressen, Holz gekaut …« »Ja …!«, sagte die Züchterin. »So ein mundgeschreddertes, mehrfach angekautes und möglicherweise auch schon vorsorglich angepisstes Nadelholz kann einen empfindlichen Magen umdrehen! Nadelholz hat starke ätherische Öle, man denke da nur mal an die Fichte …« Sie sagte langsam: »Ruhe bewahren. Und wenn es noch schlimmer wird: unbedingt Fieber messen!«

Mittlerweile war Mami dann auch klar, dass wohl kein Gift im Spiel war. Sondern dass es deswegen aus mir so dermaßen schäumte, weil mir das Wasser im Mund zusammenlief. Von der Kotze, die zwar immerzu auf-, aber dann eben nicht ausstieg! Und Calimero schmatzte und schmatzte gegen den Kotzreiz an und so wurde die Spucke in den Lefzen dann zu Spuckschaum und sah so gruselig aus! Mami meinte resigniert: »Warum steckt er sich nicht einfach formlos die Kralle in den Hals, dann haben wir es endlich hinter uns und es ist wieder Ruhe …? Aber das ist jetzt wieder so typisch für ihn: Der gibt nämlich nichts wieder her, was er einmal erwischt hat!« Meine Züchterin lachte jetzt sogar: »Ganz der Vater! Aber da kann man jetzt wirklich nur mal abwarten. Packen Sie ihn unbedingt warm ein, klemmen Sie ihn sich an den Bauch und legen Sie sich zusammen aufs Sofa … Falls Sie dann doch noch zur Notambulanz müssen!«

Mami packte also den Calimero ein, der tatsächlich ein ganz kaltes Fellchen hatte, ganz blass war, und machte uns beiden ein Nest auf lauter Geschirrhandtüchern, falls doch was geliefert würde … Denn dann musste das ja nun nicht zwingend auch noch für immer sein, fand sie wohl. Ich mochte dann aber nicht mal länger als ein paar Minuten liegen, denn das Bäuchlein war so prall und hart, da konnte ich nicht drauf liegen, ohne das mir so doll übel wurde! Und so setzte ich mich immer wieder auf und jammerte die ganze Zeit ganz leise vor mich hin. Dann fing ich auch wieder an zu schmatzen und zu schäumen. Da saß Calimero, der Unglückswurm, dann also fast die ganze Nacht, windschief an ein Kissen gelehnt, total geschwächt, mit tief hängenden Ohren, geschlossenen Augen. Schlicht: todunglücklich. Er mochte sich nicht hinlegen, aber konnte auch eigentlich gar nicht mehr sitzen, weil er doch so müde war … Mami ging es auch nicht besser, sah auch aus, als müsste sie gleich kotzen, lieferte aber auch nichts. Ein kleines Hundedrama: Mailänder Scala, wir kommen …! Erst morgens schliefen wir dann mal drei Stunden und ich stand dann ganz normal auf und verlangte sogar nach Futter, als wäre nichts gewesen …

Morgens kriegte ich dann den Rest Hundepudding von gestern Abend und als wir dann rausgingen, fing es draußen wieder genauso an: verstörtes Rückwärtslaufen, Tippeln, Piepsen, Sabbern, Spuckeschaum, kaltes Fellchen, viel Getue … Und dann etwas Kotzen: Hundepudding, völlig unverdaut! Also nach Hause getragen werden müssen. Mami war schon wieder am Telefon … Zuchtmami hörte sich mit wachsendem Staunen die Geschichte vom Hundepudding an. Wusste dann offensichtlich aber nicht, wo sie die freie Hand zuerst hinschlagen sollte: Vor die Stirn? Vor den Mund? In Mami rein? War mal wieder ein klassischer Fall von »gut gemeint und trotzdem total daneben«! Zuchtmami sagte, echte Mami habe mit dem Futterpudding einen Schwamm in Calimero reingesteckt, der dann größer wurde, immer größer und den der Darm so auch nicht haben wollte! Der dann eben notgedrungen im Magen blieb. Oben nicht raus *konnte* und unten nicht raus *durfte* … »Das quillt doch alles uferlos im Magen auf, genau das ist doch der Witz am Trockenfutter …!«, sagte Zuchtmami und man konnte das Kopfschütteln direkt am Telefon hören. »Aber … aber … aber …!«, stotterte Mami herum »Er kaut doch nie! Er rafft sich die dicken Knusperkissen alle immer völlig unzerkaut rein! Und das in einem Tempo, in dem andere Leute Schreibmaschine schreiben! Ich sehe mich schon immer den Heimlich-Handgriff anwenden!« Zuchtmami sagte etwas lakonisch: »Ja, typisch junger Mopsrüde eben: Gier frisst Hirn! Sein Vater ist genauso ein Kaliber, was *der* hier schon alles formlos abgeschluckt hat … Ja, dann hacken Sie die Dinger eben etwas kleiner, wenn Sie Angst haben, dass er dran erstickt! Wird er aber nicht, die Jungs machen das schon seit Jahrzehnten so! Aber in Gottes Namen: keinen Staub und keine Brösel füttern – und weichen Sie das Zeug ja nie mehr ein! Es ist sonst wirklich kein Wunder, dass er so eine Show abliefert …« Hatte Mami verstanden, machte sie nicht mehr. Und Calimero gab nicht mehr »Madame Butterfly« …

Silvester

Ich war ja nun schon ein absolut durchgeschulter Mops … Bei meiner Züchterin lebte ich im Wohnzimmer und Garten, mitten zwischen Hasen und anderen Hunden und Katzen und einem Riesenhund, Möpsen, Fernsehern, Radios, Besuchern, Mixern, Staubsaugern, Föhns, Bohrmaschinen und Rasenmähern … Kannte ich also alles, nichts konnte mich wirklich noch schocken. Auch mein erstes Feuerwerk hatte ich jetzt schmissig gemeistert, war ja auch gar nicht anders zu erwarten gewesen, bei so einem Charakter wie meinem …! Mami hatte mir eine bunte Papierschlange um den Hals gewickelt und mich auf das Fensterbrett gehoben, sich dann hinter mich gesetzt und mich umarmt. Ich fraß die Luftschlange und dann haben wir uns das Krachen, Zischen, Knallen angehört und das Feuerwerk dabei bewundert. Ich bin den bunten Sachen sogar mit den Augen gefolgt, habe mir alles ganz genau angeschaut. Immer, wenn ich mal zusammenzuckte, hat Mami gerufen: »Hui! War das aber laut, jippiiieeeh!«, und dann kriegte ich ein Leckerli. Da habe ich mir gedacht: »Na gut, wenn das so toll für Mami ist, finde ich das jetzt auch toll! Leckerlis sind sowieso toll, Silvester ist also toll!« So haben wir am Fenster ganz lange gekuschelt und ich habe die Leuchtraketen angeschaut, die Luftschlange gefressen, mit Mami gekuschelt, mich ab und zu erschreckt und dann Leckerlis gefressen. Ohhh, alles war so gemütlich … Das kann ruhig auch öfter mal sein.

Lichtes »L«

Mama guckte mich in der letzten Zeit immer mal wieder so komisch an, wenn ich in der Sonne und im Schnee rumsaß. Dann sagte sie so Sachen wie: »Also dein Fellchen, ich weiß ja nicht: irgendwie total glanzlos und stumpf, fast etwas strubbelig …« Vielleicht ja Fellwechsel? Immerhin trage ich vorne jetzt ja auch Zahnlücke! Cool … Und dann sagte sie: »Und ich kann mir nicht helfen, denn ich habe immer wieder den Eindruck, du habest ein helleres »L« über dem rechten Augenbogen …?« Weiß nix, hab nix gemacht, ich schwör …! Außer dem üblichen Durchfall natürlich, aber den mache ich ja seit der Futterumstellung fast immer. Darüber ist Mami übrigens auch nicht froh. Hat mit Zuchtmama schon deswegen telefoniert und die hatte dann gesagt: »Undankbares Thema, der Durchfall. Kann immer einfach alles sein! Und was so ein Jungrüde unterwegs immer aufrüsselt, da möchte man gar nicht dabei gewesen sein …« Mami wusste dazu auch gleich eine Geschichte: Calimeros Lieblings-Draußen-Naschi waren immer angerotzte Tempos, schon mit Patina! Die sammelte er dann von überall auf, trug sie her und spielte dann Fang-a-Mandl. Und wenn Mami dann einstieg und die eklige Beute auch mal haben wollte, hoppelte Calimero bloß immer mit flatternder Ekelfahne blöd über die Wiese davon … Weit weg vor dem Zugriff und da zerfetzte er das dann und tat damit, na ja, was eben so anfiel … Zuchtmama würgte: »Na, *da* wundern dann gewisse Dinge aber ja auch nicht mehr *so* besonders …«

Aber sie hatte auch eine Warnung: Insbesondere Erstlingsmamis von Erstlingsmöpsen neigten wohl dazu, uns aus lauter Überfürsorglichkeit immer viel zu viel Zeugs reinzustopfen. Meistens auch noch viel zu viel durcheinander und auf einmal. Die Mamis meinten es zwar gut mit uns Gemopse, machten dabei auch aus Versehen vieles schlecht. Mami sagte daraufhin, total selbstbewusst: »Da kann ich mich ja mal komplett von ausnehmen! Ich bin da total konsequent! Bei mir gibt es morgens das Juniorfutter, vermischt mit Kartoffeln, manchmal auch mit Reis, Möhren und Joghurt. Ab und zu Sauerkraut mit Ayran und Couscous. Zwischendurch mal ein Stückchen Apfel oder Banane. Möglicherweise auch mal ein bisschen harter Käse oder eine alte Brotrinde. Zum Trainieren dann die Trainingsgutis, rohes Tartar oder rohe Rinderleber. Dann zum Kauen für zwischendurch, denn er ist einfach ein Marder und nagt mir sonst die ganze Bude hier kurz und klein: Rinderziemer, Kaninchenohr, Lammkauschuh, Straußensehne, Putenhals … Oder als kleiner Snack für zwischendurch auch mal etwas Lammpansen, getrocknete Schweineschwarten, Schlund oder Rinderdörrfleisch … Abends dann natürlich das Juniortrockenfutter mit einem Schlückchen fettarmer Milch und vielleicht noch etwas Schweineöhrchen zum Gute-Nacht-Kauen oder so. Aber das war es dann auch schon …«

Züchterin sagte erst mal gar nichts mehr und suchte entweder schon wieder einen Parkplatz für die flache Hand oder begann sich all diese ganzen Delikatessen in einem einzigen Bild vorzustellen. Dann meinte sie etwas eng: »Verstehe. Das sind dann ja auch bloß so acht bis neun verschiedene Eiweißgruppen pro Tag … Dazu dann noch ein paar Kohlehydrategrüppchen mit Vitaminschockern dazwischen … Und das Ganze dann am besten stündlich wechselnd …?« »Genau!«, sagte Mami selbstbewusst. »Ich hab es voll drauf, die Sache mit der Ernährung, das ist doch ein Klacks …« Ein Klacks Durchfall, wenn ihr *mich* mal dazu fragt …

Leberwurstkekse

Das war ja so toll, jeden Morgen um viertel vor neun trafen sich an der Wiese da schon ganz viele Mamis von ganz vielen Hunden! Haben wir nur ganz zufällig entdeckt. Und ich war auch immer mit dabei, weil ja im Moment nicht mehr so viel Molli war, leider … Sara war immer noch ziemlich beleidigt und Mami hatte sogar noch mal versucht, ein ruhiges und erwachsenes Gespräch mit ihr zu führen. Aber Sara wollte nichts davon hören und sagte dann mit ganz lauter und schriller Stimme, sie sei an *gar* nichts schuld! Und *sie* könne gar nichts dafür, wenn mein Hund nicht erzogen sei und eben lieber dann zu *ihr* käme! Damit war Mami jetzt klar: Sara wollte gar nicht zuhören, sie wollte wirklich nicht wissen, dass sie einen Fehler gemacht hatte. Und damit aus Versehen auch Probleme für Mami und mich … Jetzt war Mami dann *auch* beleidigt und sagte: »Wenn ich nicht zu dir durchdringen kann, ist mir das zu gefährlich für meine Nerven!«

Die anderen Hunde (Sara sagte immer so abfällig: »Alles nur blöde Hunde hier!«) waren immer gut drauf und selbst die Mamis lachten schon um die Uhrzeit herum und erzählten sich gegenseitig verrückte Geschichten. Zum Beispiel vom schönen Goldie Jean-Paul, der dann schon mal um acht Uhr heute eine gewisse Katze gejagt hatte, dabei dann quer über die Straße gewetzt war und erst mal den Verkehr da regelte …! Und die wussten sogar noch eine bessere Geschichte, als die von Calimeros Tempo mit Patina. Die wussten was vom Dackel Waldi, der sich schon früh auf gebrauchte Kondome spezialisiert hatte und der damit dann immer ... Alle Mamis würgten laut und riefen »Urgs!« und »Iieh!« und »Aufhören, bitte!« Und sie fotografierten uns beim Schneefressen und Spielen. Ja, sie brachten sogar manchmal selbstgemachtes Hundefutter zum Tauschen und Vorkosten mit ...

Heute waren es dann mal selbstgebackene Hundekekse. Mama von Saja hatte ein komisches Buch gekauft: „Rezepte, um einen Hund glücklich zu machen". Calimero brauchte kein Buch, der war schon so glücklich genug! Außerdem wollte Mama nicht, dass ich böse Menschen-Essen-Leberwurst fraß, oder noch schlimmer: Industrie-Hunde-Leberwurst mit wer weiß was alles drin! War außerdem viel zu viel Durcheinander für so einen kleinen Typen wie mich, sagte sie selbstbewusst. Und sie wollte nicht schon wieder eine neue Futter-Fremdsteuerung installieren mit ihrem kleinen Sergeanten, wo es doch gerade endlich mal so gut lief mit ihm! Ich fand, nur unter uns jetzt, dass die komischen Hunde-Leberwurst-Kekse schon jetzt aussahen wie Durchfallhäufchen, kein gutes Omen insgesamt. Ich beobachtete dann völlig kekslos, wie die anderen Mamis dann auch alle an den Keksen knabberten und anerkennend sagten, dass die eigentlich ganz gut schmeckten. Etwas speziell wohl sicherlich, aber auch gut. »Nach Leberwurst eben ...«, sagte Mami da trocken und hatte überhaupt keinen Bedarf um diese Uhrzeit. »*Das* Erlebnis hättet ihr dann aber auch weiß Gott einfacher haben können ...«, sagte sie. Mama von Saja guckte daraufhin sehr unschuldig: »Das stimmt!

Tube aufschrauben, Hundeleberwurst auf den Finger drücken und ablutschen …« Da war plötzlich dann ganz schnell Schluss mit der Keksfresserei! Alle Hundemamis guckten jetzt erst die Mama von Saja entsetzt, dann den Keks in der Hand angeekelt, dann sich alle gegenseitig ganz komisch an. Alle, außer Mami, die grinste nämlich nur. Hatten wohl alle gedacht Leberwurst sei immer Leberwurst vom Metzger für 1,29 100 Gramm …? Dann sah man aber plötzlich da ganz viele Hunde glücklich knuspern und die Kekse waren dann schließlich genau da, wo sie sowieso mal hingesollt hatten: in irgendwelchen glücklichen Hunden …! Und die wiederum waren nun ganz süchtig danach, standen alle nur noch um Sajas Mami herum, schnüffelten, bettelten, stiegen auf, fiepten und wollten nur noch irgendwelche Kekse fressen. »So eine große Überraschung aber auch wieder mal …«, sagte Mami leise zu mir, aber ich fand das ehrlich gesagt gar nicht! Wenn Kekse im Spiel sind, gibt es doch gar keine Überraschungen!

»Nicht mehr mitbringen, bitte!«, riefen lachend die Mamis mit dem Hunde-Leberwurst-Atem. »Die Hunde sollen doch spielen, nicht die ganze Zeit nach Keksen betteln!« Mama von Saja war jetzt aber auch etwas überfordert, sie hatte nämlich längst schon alles verfüttert, die ganze fette Ladung. Und sie hatte sogar schon die duftende Tüte entsorgt und konnte trotzdem gar nicht mehr gehen, weil mindestens immer sechs Hunde da um sie herumstanden. Und alle waren extrem sehnsüchtig mit feuchten Augen und guckten, guckten, guckten …! Na ja, es wäre sowieso egal, sagte Mami später zu mir, weil

Saja mit ihren Leberwurstkeksen jetzt nämlich wegzöge. Das fand ich doof! Gut, ich fand Saja auch doof, weil die *mich* doof fand und alle anderen auch. Es war so von wegen: »Ist kein Wunder, dass Saja niemanden mag, denn Saja ist ein Straßenhund aus der Tötungsstation in Spanien und hatte schon …« Soll aber trotzdem nicht wegziehen! Es soll immer alles genau so bleiben, wie es jetzt ist! Ist doch alles gut so, warum denn etwas ändern?

Es ist fürchterlich! Das ganze Theater wegen so ein bisschen Babykacke …

Rolltreppen-Django

Mama räumte heute Geschirr aus den Schränken und hatte viel Papier von den neuen Gläsern. Und El Diabolo die kleine Konfettimaschine war mal wieder mittendrin! Oh, ich liebte einfach Knisterpapier! Und ich liebte Papier-Fetzchen-Fressen und ich liebte es noch mehr, damit unentwegt herumzuraschln! Und raschln, raschln, raschln, drin rumwühlen, herumscharren, weiter raschln und noch mehr raschln und am besten nie mehr aufhören damit, nie mehr! Mama sagte irgendwann dann: »Calimero, du bist ein echtes Nervenschwein mit deinem Geraschel …!« Ich hielt inne, legte das Köpfchen schief: Schwein? Ja, ich bin ein Marzipanschweinchen und machte raschel, raschel, grunz, grunz im Papierberg! Und dann saß ich mittendrin, wie ein rabenschwarzes, glänzendes, goldiges Osterei im Nest …

Dann Shopping. Schon wieder? Nur weil irgendein doofer Mensch zu Sara neulich mal gesagt hatte, da gäbe es so tolle Hundeklamotten, auch für Donna Specki. Gab es dann aber gar nicht, hatte sich Mama auch schon gedacht … Und weil Mama glaubte, dass Calimero lernen musste, ein echter Stadthund zu sein, meinte sie auch gleich, dass jede Besorgung eine sehr gute Übung für mich sei. Ganz fade Ausrede für den Shoppingkoller, soweit mal meine Meinung, denn ich musste dann immer dafür herhalten! Eine schräge aufgebrezelte Frau fragte mit ausgestrecktem Zeigefinger und ohne jede weitere Vorrede: »Was haben Sie für *den* da denn bezahlt?«, und

Mama guckte sie an, als wäre die Frau ein riesiger Bodensee von gestern und sagte dann abschätzig: »Ich wüsste ehrlich gesagt überhaupt nicht, was *Sie* das anginge!« Genau, El Diabolo ist nämlich mit Gold nicht aufzuwiegen!

Und dann übten wir Rolltreppefahren. Ohhh, das fand ich stressig, da ging ich nicht selber freiwillig rauf! Aber das Fahren fand ich dann doch lustig, als Mami mich draufgesetzt hatte: alles brummte, schüttelte und rüttelte, das mag ich gerne! Aber dann reichte es auch und ich wollte da wieder weg und hopps, hopps, hopps war ich dann ganz souverän gleich als Erster abgesprungen, als hätte ich nie etwas anderes gemacht! Ja, ich bin wohl einfach der Rolltreppen-Django hier … Mama war total begeistert!

Ö und Ö

Hier ist ja mal wieder was los gewesen! Zuerst gar nichts und dann am Nachmittag: Molli! Endlich mal wieder Molli! Auf der Wiese waren wir und es regnete schon wieder ohne Unterlass. Mama und Sara hatten tatsächlich jetzt die gleichen, peinlichen Mops-Gummistiefel an und meckerten ohne Unterlass, dass es regnete. Konnten sich aber nicht einig werden: Sara sagte, es regne *schon wieder*! Mami sagte, nein, es regne *immer noch*! Molli und mir war sowieso alles egal, denn wir prügelten uns von der ersten Sekunde an im Auto, als gäbe es kein Morgen! Auf der Hundewiese standen wir dann etwas dumm herum, weil: Möpse mochten es ja nicht so gerne, wenn es regnete. Mama und Sara schimpften noch immer ununterbrochen über das Wetter, wie lange es schon regne und wie lange es wohl noch so regnen würde …! Sie sahen aus wie meckernde Pilze in komischen Regenstiefeln unter ihren Schirmen. Mama schrie dann: »Da! Da hinten wird es schon heller!«, und lachte wie bescheuert. Sie fand, das sei ein absoluter Antisatz, den mindestens immer *ein* Beteiligter bei Regen sagte: »Da hinten wird es schon heller!« Als würde es irgendjemandem etwas nützen … Sara schimpfte nur: »Ja, ja, da driebän wiert schon hella! Ich wiert värrückt, dass iesst alläss, was hier noch wiert …!« Vielleicht jetzt beide aufgeweicht und verrückt geworden? Das Projekt »Ich bespaße krampfhaft meinen Mops« wurde nun, auch wegen erklärter Nichtteilnahme der beteiligten Möpse, wieder unerledigt abgebrochen. Dann prügelten wir uns laut quietschend, dafür aber jetzt nass und voll dreckig, übergangslos im Fußraum des Autos weiter …

Und Mama hatte dann Ungarisch gelernt: »Ö« hieß nämlich »sie«. Aber man sagte es auch gerne für »der«, »die«, »das« – was eben gerade so umgangssprachlich schnell mal anfiel. Ihr Mann (der doofe Zahnarzt) sagte zu allem und jedem zeitlebens nur immer »Ö«, erzählte Sara. Der könne gar nicht »der«, »die«, »das«, »sie«, »ihm«, »er«, »uns« … Der könne bloß immer »Ö«. Und nun sagte Mami, wollte wohl auch mal Zahnarzt sein: »Ach so. Dann guck doch mal hier: Ö hat Ö eben voll eins auf die Nase gegeben, aber Ö ist das alles egal … Weil Ö frisst gerade am Schwanz von Ö, hat den ganzen Mund voll damit. Das findet aber Ö jetzt wieder mal bescheuert und darum fängt Ö jetzt auch an, sich voll auf Ö draufzuwerfen … Oh, armes Ö, ist ganz platt unter Ö …! Ö, komm da runter und mach Ö nicht kaputt! Schau nur: Jetzt sieht Ö wegen Ö aus, als habe man Ö die Luft rausgelassen …« Jetzt lachte Sara nur noch und konnte dabei nicht mehr fahren: »Ö, Ö, Ö … Alläss klar!« Beide aufgeweicht, beide verrückt geworden, beide sind Ö mit Luft raus. Menschen vertragen einfach keinen Wetterwechsel …

Dann gingen die vier Ö zu mir, weil zwei davon noch etwas spielen sollten. Und Molli guckte misstrauisch zu, wie ich geföhnt wurde: »Keine Panik, ist lustig!«, zwinkerte ich ihr zu und Molli traute sich dann tatsächlich auch auf den Hocker rauf … Begeistert war Ö davon mal nicht, aber sie hielt dann wenigstens mal still. Sara war aber total begeistert über Ö: Mein Gott, Ö hielt wirklich mal still, zu Hause machte Ö nur immer Theater wegen des Föhns …! Dann spielten wir in der Wohnung eine Stunde lang wie verrückt! Keine Miezekatze war zu sehen, nirgendwo! Und dann musste die dicke Sara zum Turnen und das schlanke Ö nicht, darum blieb die hier und wir tobten nach Herzenslust weiter! Wir beiden Ö waren total kaputt am Abend, mussten sogar noch vor dem Abendessen ein Ründchen schlafen …

Aureole, rechtsgedreht

So schön spielten wir morgens immer schon: Sina, Jean-Paul, Hexi, Fidi, Waldi, Packo, Loulou, Dolce, Bianca, Bounty, manchmal waren ja sogar noch irgendwelche anderen Gasthunde dabei. Die ganze Wiese war schon voll mit Hunden und Menschen, eine echte Party, um *die* Uhrzeit! Immer so viel Gelache, weil wir völlig ausgeflippt waren, manchmal schon so früh morgens … Alle liebten den kleinen Calimero und fanden seine Aureole, rechtsgedreht, solo getanzt, im Neuschnee, so süß …! Calimero guckte dazu ganz streng lange den hohen Schnee an. Senkte dann wie ein Stier entschieden das Köpfchen und steckte es komplett in den Schnee rein, während er dabei wie eine Schneefräse Wälle schob. Dann verschwand er, manchmal nur fast, manchmal auch komplett, im Schnee. Dann plötzlich kippte er einfach, wie gefällt, seitlich nach rechts um und wälzte sich wie verrückt. Aufstehen, ausschütteln, neue Stelle mit unberührtem Schnee suchen, streng angucken, Köpfchen reinstecken, plötzlich losrennen, Wall aufschieben, drin verschwinden, Schneefräse spielen, plötzlich umkippen, rumstrampeln, Schneepuder stäuben, prusten … Immer wieder neu. Ich konnte das auch links, aber rechts war mir das lieber! Calimero war dann schließlich komplett auf dem Pullover paniert, ungefähr wie ein Schnitzel. Und er freute sich dabei dann auch ungefähr wie ein Schnitzel, nur in doof! Calimero, komplett paniert, grinste also wie mit Knieschuss in der Wiese und alle lachten über ihn und fotografierten das grinsende

Schnitzel mit dem Knieschuss. Bekam ich sogar dann von Elli einen neuen Namen, weil ich so dermaßen paniert war und dabei dann drunter auch so schwarz: »Calamari fritti«. Rufname »Fritti«! Elli gackerte die ganze Zeit über ihren Witz: »Das ist dann genau einer dieser bekloppten Spitznamen, der sich dann leider lebenslang hält und bei dem nach kürzester Zeit schon keiner mehr weiß, wieso der Mops Calimero eigentlich bei allen nur noch Fritti heißt …!«

Aber, aber, aber, Mami fragte dann schließlich alle da: »Findet ihr eigentlich auch, dass Calimero da ein helles «L« auf dem Augenbogen hat?« Alle sagten sofort: »Ja, er hat da was auf dem Augenbogen. Das habe ich schon neulich gesehen. Das geht ja jetzt schon bis zur Nasenwurzel runter. Ist irgendwie ganz licht da oben. Kriegt der kleine Fritti da schon eine Glatze …?« Haha, Mama hatte wohl gehofft, dass sie sich nur was einbildete, aber war wohl dann nicht gewesen. Auch Sara sagte am Nachmittag: »Kalliemärroo, was hasst du da am Augäh? Iesst dass da ganz häll …?« Weiß nicht. Hab nix gemacht, wie immer. Vielleicht einfach galoppierende Leberwurst-Keks-Defizite …?

El Swarowski

Heute machte Mami dann plötzlich Tabula rasa mit meinem ewig nassen, immer vollgeschneiten, stets beuligen Pullover, der offenbar auch noch immer größer wurde nach jedem Tragen ... »Das geht so nicht mehr!«, sagte Mami entnervt und hielt den schon leicht verbraucht aussehenden Lappen mit den kleinen Ärmchen dran weit von sich. »Wenn du *den* trägst, bist du hinterher nach kurzer Zeit kälter und nasser als sowieso schon vorher! Wie oft ich aus *dem Teil* schon Hände voll Neuschnee rausgeholt habe! Du hast dich auch einfach nicht im Griff, mon Ami! Panade, Panade, immerzu nur epileptisch sein und Panade auftragen!« Ich legte das Köpfchen schief und verstand das Problem gerade nicht. Mama dozierte weiter: »Kann denn der kleine Herr Fritti nicht vielleicht einfach auch nur mal adrett zur Seite wegkippen ...? Meinetwegen dann im Schnee dekorativ ein paar Sekündchen liegen bleiben ...? Aber nein! *Der* muss natürlich wirklich immer gleich das *ganz* große Schneebesteck rausholen! Du zwingst mich wirklich zum Äußersten hier!« Der kleine Herr Fritti guckte nur wieder extrem unschuldig: »Weiß nicht, fragen Sie bitte solche Sachen immer meinen Agenten!« Also rief Mami wieder mal die Züchterin an, so von wegen der Mopsboutique, für die besonderen Gegebenheiten der Mopsphysiognomie. »Mit starker Betonung auf Gnom ...!«, knurrte sie, als Züchtermami dann den stolzen Preis nannte. Die Beute: ein auf zu erwartendes Wachstum gewähltes, abgestepptes, wind- und wasserabweisendes, tabakbraunes

Wintercape mit Pelzkrägelchen in Größe »M«. Dazu dann, als wäre es noch immer nicht schlimm genug, ein schwarzes Plastikbrustgeschirr, auch auf Zuwachs. Zum Festzurren (im wohl vermutlich ersten Loch) der zuerst noch vielen überflüssigen Stoffmengen an mir. Von oben bis unten voll mit Swarowski-Kristallen das Teil. Oh Mann, wo ist ein Taxi, wenn man wirklich dringend mal eines bräuchte?

Aufgebrezelt und gepimpt.
So schnell geht ein schlechter Ruf in die Grütze!

Mama Loulou und Kumpel Packo

Oh, welcher Aufstand war das heute Morgen: Der Dressman El Swarowski gab sich höchstselbst die Ehre … Nein, was für ein Getue haben die Mädels da alle um mich gemacht! Eine einzige Fotosession war das heute Morgen mit dem kleinen und furchtbar aufgebrezelten Herrn Fritti! Weiber: Kreischen! Männer: Augenhochstellen! Fritti musste das Panieren dann noch einmal ganz neu lernen … Die Panade hielt sich nämlich überhaupt nicht gut am neuen Parka! Trotz des drum herum gewurstelten Geschirrs holte Mama frischen Schnee, als breiten Ball geformt, aus meinem neuen Anzug heraus. Der war nämlich viel zu groß und ich trug ihn daher hinten großzügigst umgeschlagen … Wurde nur durch die Schwanzspannung einigermaßen da festgehalten … Aber wenn die Panade kam, war keine Spannung mehr da und das weiße Grauen schlug wieder voll zu! Aber ich musste zugeben: Ich mochte das Cape, es war richtig schön kuschelig da drin, selbst noch nach drei Panaden von allen Seiten!

Sara mochte das neue Cape natürlich auch und Molli musste das unbedingt sofort haben! Mami war wieder nicht begeistert von der ständigen Nachäfferei und sagte: »Das gibt es nur in »M«! Das kannst du vergessen, denn Molli-Rolli ist schon jetzt eher ein Mairübchen als ein Mohrrübchen!« Sara wollte aber, wie ja immer an dieser Stelle, nichts anderes hören als das, was sie sich selber sagte.

Und wenn dann mal morgens Loulou da war, wurde Calimero nach der Aureole sogar noch glücklicher! Loulou war ein puscheliger, roter, großer Akita-Schlittenhund, der immerzu lachen, lachen, lachen musste. Gerade über das ganze kleine Kroppzeug, das da immer an ihr dranhing und mit ihr spielen wollte … Die Mama von Loulou sagte: »Das ist mal genau *ihr* Wetterchen so, wenn ein halber Meter Schnee liegt!« Und Loulou lag dann da drin, grinste von einem Ohr zum anderen und sah aus wie ein Kalenderblatt vom Hundekalender für Februar. Ich hüpfte immerzu auf Loulou drauf und kraxelte und legte einen Scheitel an und durfte mit ihr einfach alles machen! Ich durfte ihr ja sogar eine völlig neue Frisur anfertigen, einen Scheitel am Hintern anlegen und sogar voll ins Pofell reinbeißen …! Sogar wie ein Löwenbaby auf ihr herumtrampeln und eine gründliche zahnärztliche Untersuchung machen … Loulou lachte und lachte und gab immerzu Bussis auf mich, den kleinen Fritti. Manchmal wollte Loulou gar nicht spielen, nur mal kurz ein attraktives Kalenderblatt sein … Aber der Calimero mit dem eisernen Willen hatte sich nun mal bei Loulou adoptiert. Und dann machte ich immer so lange ihr unheimlich nerviges Junges, bis Mama Loulou dann endlich aufstand und mit ihrem Adoptiv-Figlio spielte … Damit ich mal endlich wieder Ruhe gab! Ich war dann also zuerst mal paniert, dann adoptiert *und dann* auch noch doppelt glücklich!

Packo war auch ein Kumpel von mir, das war ein dunkelbrauner Labrador. Der machte aber leider manchmal mit anderen Rüden Probleme, weil er nicht kastriert und dazu auch überhaupt nicht erzogen war … Das würde bald mal Ärger geben, so viel konnte ich heute schon kommen sehen! Weil nämlich beide Herrchen von Packo, der ja sowieso schon einen auf Alphabullen machte, dann auch noch sein falsches Ich-bin-hier-der-Chef-Gefühl belohnten …! Sie gaben ihm immer Leckerlis, indem sie sich das Leckerli in den Mund steckten und Packo musste dann die Pfoten auf die Schultern stellen und sich das Auge in Auge rauspflücken! Das alleine sah ich schon extrem schwierig, denn Hunde waren leider dann doch nicht ganz so schlau, wie sich Menschen das oft wünschten! Gabst du nämlich deinem schon ungezogenen, stets sich Rang anmaßenden Hund auch noch den Befehl weitere ranganmaßende Gesten auszuführen, konnte das immer nur im Ärger enden! Das wussten sozialisierte Hunde schon als Baby. Unsozialisierte Hunde jedoch verwirrte man damit noch mehr, anstatt ihnen klare Grenzen und Ordnungen zu setzen, derer sie so dringend bedurften! Hoben sie ihn als Möchtegern-Chef dann auch noch absichtlich auf Augenhöhe zu sich, war das wieder eine ranganmaßende Geste mehr. Ließen sie sich dann auch noch die Pfoten auflegen, war es noch eine. Und dann sagten zu den vorigen beiden Dominanzgesten auch noch durch das Leckerli: »Komm, Chef, wenn du mich schon zweimal dominierst, klau mir doch gleich auch noch das Futter aus dem Mund! Nur dass du wirklich weißt, wer hier das *alleinige* Sagen hat!« Auweia.

Wie sollte Packo denn so lernen, dass nur sein Herrchen hier der einzige Chef war? *Konnte* er nicht lernen, denn das ganze Lernen sagte ja immer nur: »Ich dominiere hier die Menschen! Die wehren sich nicht! Dafür bekomme ich dann Futter! Das Futter stehle ich dem Menschen aus dem Mund! Die wehren sich nicht! Also bin ich auch Chef hier, vielleicht sogar der einzige! Denn unter uns, es kann schließlich nur immer einen geben!« Als Mami dann mal ganz vorsichtig etwas dazu sagte, konnten nur alle darüber lachen. Sie fanden, dass Mami viel zu streng zu mir war und ich armer Kleiner müsste immer parieren und marschieren wie der arme Mops in der Fremdenlegion! Und dass Mami übertriebe, einfach nur maßlos übertriebe, denn das sei doch alles nur Spaß, und Packo wisse das natürlich auch ganz genau …!

Aber ich hatte trotzdem immer viel Spaß mit Packo! Packo spielte hart, aber gut und ich sprang unter dem Wettlaufen immerzu hoch und rammte ihn in die Schultern. So machten ja große Hunde den Bodycheck, so machte ich das auch: drängeln, schubsen, rempeln, rangeln! Und Packo guckte runter und sagte: »Cool, Kleiner! Du bist ja schon richtig stark!« Genau, Conan, das Tartar ist zurück! Und dann verlor ich heute spontan die Façon und Mami sagte: »Es ist mal jetzt Zeit zum Frühstücken und Nach-Hause-Gehen!« Somit fing sie ihren Calimero ein, hakte die Leine an … Und dann kam plötzlich Packo angerast, schnappte sich so schnell meine Leine, dass man gar nicht gucken konnte, was da gerade passierte. Er sagte zu mir: »So, Kurzer! Jetzt zeige ich dir mal, wie *die Großen* rennen, pass gut auf! Ich bringe dich jetzt mal auf Geschwindigkeit hier!« Und zog mich kaputte, kleine Wurst an der Leine voll hinter sich her. Er führte mich im Schweinsgalopp einfach Gassi! Und er wurde immer schneller und schneller und die kleine, japsende Calimero-Wurst musste immer weiter hinterher und konnte bald *gar* nicht mehr! Aber Kumpel Packo rannte, rannte und rannte immer weiter. Und dann grätschte er plötzlich schnell in eine scharfe Kurve und alle schrien vor Schreck: Ich hob dann nämlich mal spontan ab und flog in der Kurve an ihnen vorbei! So lange, bis ich dann wieder in der Wiese auftraf. Aber Packo rannte immer weiter, er musste rennen, denn er hatte ja den Rennkrampf …! Und dann war er wieder in eine steile Kurve eingefädelt – und ich flooog schon wieder im hohen Bogen vorbei …! Alle mussten lachen, weil das so verrückt aussah, aber sie fanden es auch gar nicht sehr gesund. Doch Packo hatte so einen schlimmen Rennkrampf, der war nicht mehr ansprechbar! Er ließ mich nicht mehr los und hörte auch nicht mehr auf zu rennen! In der Zwischenzeit rannte dann schon die ganze Wiese schreiend hinter Packo und seinem kleinen Luftballon hinterher und versuchte ihn zu stoppen! Die hatten wohl alle Angst, dass er seinen Ballon einfach fliegen ließ, und ich segelte dann alleine gemütlich nach Amrum weiter …? Dann wurde der verrückte Packo doch endlich noch eingefangen und Calimero wieder losgelassen. Ich war so erschöpft und sehr glücklich, dass die Erde und die Mami mich endlich wiederhatten! Ich musste dann aber nach Hause getragen werden … Mami war nicht so besonders begeistert davon, aber das war nun nicht mehr zu ändern und man hatte es ja wirklich auch nicht voraussehen können! Calimero schlief sofort ein, denn er war platt wie eine Briefmarke, die einen völlig kaputten Mops draufgedruckt hatte …

Tiernotrettung

Jean-Paul war eigentlich immer sehr gut im Gehorsam, eigentlich ein Bär und sehr cool. Alle Hunde hatten viel Respekt vor Jean-Paul, weil der sehr souverän war. Er musste gar nicht erst was sagen oder machen, streng gucken reichte meistens schon völlig aus! Sogar der wilde Packo hatte viel Respekt vor Jean-Paul. Muss der ihn mal angucken, dann schnurrte Packo zusammen und senkte sofort alles, was er senken konnte …! Jean-Paul machte niemals Ärger und ließ sich auch niemals in Ärger verwickeln. Er war immer nett und ausgeglichen und unter allen Umständen immer cool. Na ja, außer manchmal, nämlich dann, wenn er eines seiner berüchtigten Löcher grub! Alle lachten immer über ihn: »Diese Parkbank mit dem Betonsockel fällt bald nach vorne um, Jean-Paul sei Dank!« Wenn er arbeitete, war er nämlich gar nicht mehr so cool. Dann konnte er sogar knurren und sehr unappetitlich zum jeweiligen Zaungast werden, so mit Fletschi, und ganz böse gucken. Nur damit der dann gleich mal Bescheid wusste und sich ganz schnell trollte …

Zu allen war er böse an seinem Loch, außer zu seinem Winzlingskumpel Calimero! Vielleicht war ich auch einfach zu gut angezogen, um schlecht zu mir zu reden …? Jean-Paul arbeitete an seinem Loch vor der dicken Wurzel am Acker weiter. Mama von Jean-Paul sagte, dass er schon gestern Abend da dran emsig gearbeitet hatte und heute Morgen dann gleich wieder … »Vergisst er leider niemals ein einmal begonnenes Loch!«, sagte sie leicht genervt. Ich schlenderte dann mal gelassen vorbei und guckte angelegentlich über die Wurzel rüber, was Kumpel Jean-Paul da eigentlich immer so machte. Jean-Paul hob sein schönes, aber leider auch total verdrecktes Gesicht zu mir hoch und sagte: »Ich komm ganz gut weiter hier, mach du doch mal von der anderen Seite mit, dann sind wir schneller!« Das ließ sich der Jagdhund Calimero aber nun wirklich nur *einmal* sagen. Alle Hunde kamen dann nacheinander angelatscht, standen da rum und guckten uns beiden beim Arbeiten zu. Sie konnten wohl auch einfach nicht glauben, dass ich Winzling als Jagdkumpel von Jean-Paul am gleichen Loch mitarbeiten durfte …! Beide gruben wir also minutenlang intensiv vor uns hin und guckten uns dabei immer mal wieder mit unseren völlig dreckigen Gesichtern über die Wurzel hinweg an: »Und? Schon was in Sicht bei dir …?« »Nee, hier ist irgendwie nichts. Frage: Was suchen wir denn überhaupt?« Nur Mama Jean-Paul wusste ziemlich genau, was da gerade gesucht wurde: Wühlmäuse!

Da hatte es dann letztes Jahr schon mal ein ganz großes Theater drum gegeben …! Denn da waren die Mäuse nämlich auch hier gewesen, aber dooferweise nur ganz flach unter der Erde. Und dann kam Jean-Paul und grub und grub und grub gar nicht mal *so* lange … Und plötzlich lagen da dann sieben rosa Würmer im Dreck und ihre tote Wühlmausmutter! Jean-Paul saß da und guckte ganz betroffen, was er jetzt angerichtet hatte … »Er würde das niemals fressen!«, sagte die Mama von Jean-Paul überzeugt. »Nur ausgraben und mal angucken. Er war echt erschüttert, ganz betrübt …« Mama sagte nachdenklich: »Hm, hm, hm. Hat aber nichts Wichtiges daraus gelernt, oder …?« Mama von Jean-Paul lachte prustend los: »Sieht jedenfalls nicht so aus! Oder er sucht da jetzt nach Wikingergold …?«

Letztes Jahr war dann das überfürsorgliche, dicke, rosa Frauchen von Edda und Tootsie mit ihren pinkfarbenen Geschirren (passend zu Jacke, Schal, Mütze und Handschuhen von Mama) dabei gewesen, als plötzlich sechs nackte rosa Wühlmauswürmer neben ihrer schon toten Mutter gelegen hatten … Und dieses rosa Frauchen, das ja auch aussah wie ein Wühlmauswurm, kriegte dann gleich mal einen hysterischen Anfall. Sie schrie hektisch herum, man müsse *sofort* die Tiernotrettung holen und Wiederbelebung und Tierheim und überhaupt! Der Papa von Loulou sagte nur lakonisch: »Ich hole kurz mal den Erste-Hilfe-Koffer aus dem Auto. Macht ihr doch bitte schon mal alles fertig zur sterilen Infusion! Und legt auf jeden Fall die venösen Zugänge für mich … Wenn es kritisch wird, gebt ihr Atemspenden und macht Herzmassagen! Ich bin dann gleich wieder da mit Infusionsbesteck und Sauerstoffflasche!« Davon wollte die dicke rosa Frau aber gar nichts hören, denn sie wollte nur die armen Würmer da einsammeln, in eine Dose mit Watte legen und Rotlicht draufgeben und dann schnell zum Tierarzt tragen. Dort sollten sie dann als Notfall behandelt werden und von ihr persönlich gesäugt, aufgepäppelt und adoptiert werden …! Im Hintergrund summte jemand leise: »We are a family! I got all my mices with me …!« Aber sie ließ sich einfach nicht davon überzeugen, dass es leider trotz aller Barmherzigkeit dennoch ein absoluter Wahnsinnsplan war. Und dass die Würmer da einfach noch viel zu winzig waren für jede Maßnahme und leider daher nicht durchkommen konnten! Und wenn das auch ein netter Gedanke sei, wäre der aber dennoch nur total doof! Der Papa von Loulou hatte dann doch nicht das Infusionsbesteck geholt, sondern mitten in die fruchtlose Diskussion mit dem Fuß die Würmer und die kleine Mäuseleiche wieder in das Loch geschoben und einfach wortlos eingegraben. »Es geht nicht anders, wir können nichts mehr tun!«, sagte er und schob die aufgeregt kreischende Wurmfrau da entschieden weg. Die wehrte sich wild und stimmte ein ganz, ganz großes Geschrei an: Tierquälerei, Amnestie International und Polizei! Der Papa von Loulou, jetzt wirklich schon angepestet von dem ganzen fruchtlosen Getue, plärrte sie ärgerlich an: »Wühlmäuse sind Flurschädlinge und der Bauer wird *nicht* froh sein, zu hören, dass Sie diese Überpopulation jetzt auch noch wieder aufpäppeln wollen! Werden Sie bitte für einen Moment lang erwachsen! Das war einfach Pech, so ist das Leben – und gut is' …!« War dann aber gar nicht gut. Die fing dann doch noch an, da zu graben, und heulte dabei, aber die Würmer konnte sie nicht wiederfinden … Oder vielleicht hatte sie, trotz aller Tierliebe, auch ein kleines, logisches Einsehen in ihren eigenen Wahnsinnsplan genommen. Vielleicht …

Chickenwing

Ich war jetzt übrigens, auch ganz amtlich, ein echter Pubertätspickel! Ich stand nämlich so in der Wiese herum, wie üblich planlos mittendrin, und hatte den kleinen Hintern dicht über die Schneedecke geknallt. So machte ich dann ja immer mit halb geschlossenen Augen Pipi. Mama stand wie üblich am Straßenrand und blamierte uns nach Leibeskräften. Hatte ja mehrere Programme, um mich zu Pipi & Co zu inspirieren … Als wär *das* nötig, aber echt! Heute sang Mama wieder mal laut zur Melodie von »Ja, mir san mit dem Radl da« … »Jaaaa, pi mir ein Loch in den Schnee, piiiii mir ein Loch in den Schnee, ein schönes, gelbes Loch in den Schnee! Pipidipipipi …!« Wie peinlich *sind* Mamis eigentlich? Meine Züchterin hat so was jedenfalls *nie* gemacht! Na ja, die wäre aber auch nicht mehr fertig geworden den ganzen Tag: viel zu viele Möpse und viel zu viele Löcher in viel zu viel Schnee …!

Noch schlimmer war aber Mamis Cheerleader-Nummer. Sie stand am Straßenrand und machte mit unsichtbaren Riesen-Pompons (die sollte ich mir dann immer in leuchtendem Pissgelb mit Spuren von Gold vorstellen!) Buchstaben nach und sprang dazu rum: »Pi-Pi! Pi-Pi! Pi-Pi! Jaaa … Piii-Piiiiiii …!« Voll Panne. Aber ich kriegte ja immer noch ein Guti für jedes gelbe Loch. Geblieben aus der guten alten Platten-, Boden-, Uralsee-Phase. Ach ja, gute, alte, gelbe Zeit!

Wo war ich gerade …? Richtig: Also ich klebte so mit dem Hintern knapp über der Schneedecke, machte doofes Endlich-Pipi-Gesicht: so mit hochgezogenem Kinn, halb geschlossenen Augen und allem ... Und Mama piepte schon wieder rum: »Na, Calimero, wie läuft's denn so? Lass die ganz großen Wasser spielen hier ...!« Da hatte ich plötzlich das Gefühl, es erklänge Walzermusik! Es war aber ausnahmsweise mal nicht Mama, denn die kriegte gerade gar keine Luft mehr vor lauter Lachen! Ja, was war da denn jetzt los? Ich hörte plötzlich original Strauss-Musik in meinem Kopf: »An der schönen gelben Donau ...«, und mein rechtes Hinterbeinchen, der dünne Chickenwing, erhob sich ganz von allein (ich schwör, ich hab *nix* gemacht!) in die Luft ... Und da stand ich nun, mein unsicherer Blick fragte Mami: »Was mache ich hier? Seh ich jetzt irgendwie blöd aus?« Mami konnte nicht antworten, weil sie gerade japsend einen Baum vor Lachen umarmen musste und brüllend auf ihn eintrommelte ... Ich glaube, ich sah dann wohl irgendwie blöd aus. Was war denn da nur los mit Calimeros Chickenwing? Schon kaputt?

Pi-Henge

Ich *wusste* jetzt, was los war mit Calimeros Chickenwing! »Wie seh ich aus, wie seh ich aus? Cool?«, hatte ich Mami heute Morgen, schon wieder auf drei Beinen balancierend, zugerufen. Und sie hatte lachend gejapst: »Ganz okay so weit. Abgesehen davon, dass du auf der falschen Seite vom Baum stehst …!« Ups. Ach so …?

Ich hatte dann auch noch etwas schier Erstaunliches entdeckt, an mir selber: hinten, Mitte, unten … Nie vorher gesehen! Schmeckte etwas komisch, aber auch gut! Ich musste da jetzt also immerzu putzen, schmatzte dabei laut und nass. Mama schrie heute Morgen schon: »Hör endlich auf mit dem Extrem-Geschlechtsteil-Schlecking, sei so gut! Mir wird übel von dem lüsternen Dauergeschmatze die ganze Zeit!« Ich hörte dann auf. Drei lange Sekunden lang. Immerhin … Ganz rot ist es da, gar kein Fell dran! Zuerst dachte ich: »Huch, Calimero ist kaputtgegangen von zu viel Pipi!« Aber dann habe ich Dogbert, meinen Kuschelhund, getroffen und viel Spaß mit ihm gehabt! Dogbert war so ein bisschen devot, aber hielt immer so lange still, bis Calimero japsen musste und dann fertig gehoppelt hatte. Hirr. Auf in den Kampf, ihr Drüsen …!

Und außerdem: Tatataaa … Ich war dann jetzt auch ein geheimnisvoller Pipi-Tresor! Ich konnte jetzt nämlich sogar schon den Strahl anhalten und machte das dann auch! Überall lagen jetzt auch *meine* Visitenkarten herum, nicht nur die von all den anderen Hunden ... Calimero mischte jetzt also auch endlich kräftig mit hier! Und Mama war schon wieder dabei, uns *voll* zu blamieren! Sie grölte morgens vor dem großen Findling herum: »Oh, schau mal, jetzt besuchst auch du Pi-Henge! Wie historisch mal wieder ...« Moment mal, was hieß da überhaupt historisch, das war *politisch*, und nichts weniger als das! Es war ein großer Findling an der Kreuzung und *alle* mussten da vorbei und mussten dann auch! Und jetzt konnten alle dabei zusehen, wie ich, zapp, superlässig einfach die Visitenkarte locker aus der Hüfte zog ... Sogar fehlerfrei und dreibeinig! Ja, es war so weit, Hollywood ... ich komme! Mama war allerdings miesmuschelig wie eine miese Miesmuschel: »Sag mal, muss das Dauergestrulle denn wirklich *ausgerechnet* hier sein, wo Krethi und Plethi den ganzen Tag vorüberwankt? Man könnte glatt meinen, Gras sei braun und Schnee sei dottergelb ...!« Kurz abgeschlossen: Ja, musste! Hier müssen immer alle und Calimero musste hier jetzt auch immer ...!

Tintenwurm

Mama hatte mal wieder einen brandneuen Spitznamen für mich ausgedacht: Tintenwurm. Ja, in echt, wegen schwarz und immerzu so wurmig sein! Also ich weiß ja nicht … Würmchen, Wurmi und Wurmgesicht hatte sie ja auch schon zu mir gesagt. Und Wurmei oder auch Wurmzähnchen … Haben Würmer denn überhaupt Zähne? Ist so was denn erlaubt? Und wo ist Doktor Grzimek, wenn man ihn mal wirklich braucht? Draußen sagte sie dann: »Maximale Wurmigkeit, ich sehe schon!«, als ich mich mal wieder seitlich robbend im Schnee panierte. Als ich dann aber alle vierzehn Meter zusammenbrach und immer wieder neu die Panade auftragen musste, rief sie streng: »Schluss jetzt mit dem Extrem-Gewurme, Wurmi!« Pöh!

So ein mieser, doppelmieser Tag heute, der Wurmi war ja wohl so was von total unausgeglichen …! Ich habe später nur noch mal kurz meinen Hintern in den Schnee hängen dürfen und dann sah ich wieder nur noch die Hassi-Tasche von innen, ich *hasse* Hassi-Tasche! Mama hatte gesagt, wir müssten heute mal zusammen Hundefutter verdienen gehen. Wie doof ist *das* denn bitte? Das Hundefutter war doch immer in der Kammer, wusste sie das denn etwa immer noch nicht? Ich hatte ihr das doch schon so oft gezeigt! Immer wenn die Tür aufging, zeigte ich doch auf das ganze Futter da drin: Ich bellte froh, haute mit den Pfötchen drauf herum! Ich krabbelte in den Stapel rein und fummelte dann energisch daran rum (hoffte immer, dass was raus-, ab-, umfiel und dann verschwand ... also in mir).

Boah, war das aber langweilig da! Viele Frauen kriegten natürlich wieder fast einen epileptischen Anfall, als sie mich, die Rache der Niedlichkeit, alias Don Tintenwürmchen sahen ... Kannte ich ja nun schon, diese quietschende Hektik immer um mich herum ... In der Kantine durfte ich mal ganz kurz rausgucken. Da saß dann einer, den mochte Mama gleich nicht, ich konnte sehen, dass sie an Haifische dachte ... Und der grinste dumm wie ein dicker Karpfen und sagte zu mir unter den Tisch: »Haha, der sieht ja aus, als wäre er voll gegen einen Laternenpfahl gerannt ...!« Und Mama kriegte wieder den kleinen Calimero-Rosetten-Mund und sagte: »Ganz großartiger Beitrag, wirklich ...«, und flüsterte mir zu: »Ist das nicht erstaunlich? Genau *das* dachte ich, als ich *seine* Zähne vorhin sah ...« Check ich nicht. Leuchten die, oder was ...?

Sergeant hatte neuen Befehl, um Mami zum Leckerli-Austeilen zu bringen! Er tunnelte unter dem Stuhl durch, wenn Mami »Tunnel!« rief. Und er kroch, mit wichtig angehobenem Kopf, halb geschlossenen Augen und lässig überkreuzten Vorderbeinchen auf dem Bauch durch das Zimmer, wenn Mami »Schnecke!« rief. Sergeant Schnecke würde sicher schon sehr bald sehr dick und dann sogar *noch* fetter werden, wenn er weiterhin so gelehrig blieb!

Abends war ich dann noch kurz mit Molli im Salat zum Austoben ... Mollis Cape war jetzt auch da! Hatte sie karamellfarben bekommen, also farblich fast so wie sie selber. Aber leider, leider sah sie in dem Fummel jetzt aus, das bleibt dann aber bitte unter uns, wie eine dicke, unsportliche Bratwurst! Eine von der Sorte, die hinten dann schon aufgeplatzt war! Das Cape spannte bereits heute schon angestrengt in der letzten Druckknopfreihe. Und Molli wirkte spontan irgendwie auf mich, als könne sie schon gar nicht mehr richtig durchatmen. Weil es hinten zu wenig Stoff war für zu viel Mops, rollte es sich dann kräftig über ihrem dicken Hintern auf … Auweia, wenn das die Stilpolizei wieder sah! Jetzt ging Sara also stolz mit einer aufgeplatzten Bratwurst Gassi … »Selber schuld«, sagte Mami leise zu sich selber und ich fand, das klang irgendwie seltsam zufrieden …

Hundeshopping

Waren wir heute endlich mal wieder Shopping für *mich*! In einer Futter-Spielzeug-Brustgeschirr-Nester-Oase! Mir sollte nämlich heute mal ein neues Nest angepasst werden, weil das erste so knubbelig, breit, flach, viel zu groß und irgendwie auch nur im Laufstall noch einigermaßen praktisch gewesen war. Ansonsten lag das immer nur doof wie ein hässlicher Fladen völlig unbewohnt immerzu im Weg rum. Und kein Calimero war niemals da drin gesehen worden! Gut, vielleicht lag es ja *auch* mit daran, dass ich mich da immer mit Anlauf und Caracho voll reinwarf und dann grinsend in dem Ding einen guten Meter weit über das Parkett surfte … Weiß wie gesagt keiner jetzt so *ganz* genau …

Ich glaubte ja sowieso nicht, dass ich jetzt ein neues Nest brauchte! Lebte doch immer heimlich mit im Katzennest, wenn da gerade keiner drinsaß … Da roch es immer so gut! Und es war da auch immer so herrlich fusselig, ich sag nur: die Extraportion Kotvolumen, eh! Leider sah ich danach dann auch immer aus wie eine fusselige Miezekatze. Das fand Mami wiederum doof, dann ging das die ganze Zeit nur: zupf, zupf, zupf! Da lag auch noch so ein kleiner Weidenkorb hinter der Schlafzimmergardine und da war eine gefaltete, ganz dicke Decke drin. Unter uns: verdammt unpraktisch und wahnsinnig eng, aber egal …! Das hatte vor vielen Jahren eigentlich mal in den Keller gesollt, erzählte mir Mami, als sie mich da drin antraf. Das war damals nur so zufällig hingestapelt gewesen. Aber dann waren *sofort* die Katzen da eingezogen, di-

rekt schon im Flur neben dem Klo. Die Kleine lag ganz unten drin und die Dicke obendrauf: Ungefähr so wie ein magerer Muffin mit einem riesigen Cremehäubchen! Da war dann aber nix mehr mit »Ich bin dann mal kurz im Keller!« Die Katzen gingen da nämlich den ganzen Tag nicht mehr raus. Nur schnell mal aufs Klo flitzen, kurz nachtanken gehen, mal fix ein paar Häppchen essen und dann wieder schnell zurück ins neue Nest! Als hätten die es geahnt … Und morgens lagen die da dann noch immer drin …! Das hatte Mami nicht übers Herz gebracht, und so hatten die beiden mit der Zeit dann die dicke Decke regelrecht plattgelegen, in das Nest richtiggehend eingearbeitet – und den ollen Korb so auf Lebenszeit okkupiert. Für die kleine, dünne Wucki ging das ja gerade noch, sie sah da drin aus wie ein weiß-grauer Spulwurm. Bequem war was anderes! Aber wenn die dicke Perser da drin hockte, sah der ganze Korb aus wie ein dunkelgraues Cremetörtchen! Der Korb war die Papiermanschette und oben quoll der Dicke über alle Ränder raus und wirkte so, als wären ihm die Beine schon längst eingeschlafen! Man hörte den Korb dann bei jeder Bewegung ächzen und knirschen … Ich war jetzt so zwischen Wucki und Merlin und passte da also gerade noch genau in die kleine, fusselige Mulde, aber auch nur sehr geknäult. Ich sah dann wohl aus wie ein dicker, angefusselter Blutegel … Mami sagte jetzt: »Das geht doch nicht an, dass ihr jetzt schon alle drei in der kleinen Furzmulde da wohnt! Drei Mann auf einem Boot, oder wie heißt das Stück hier? Wenn wir mal *ganz* ehrlich sind, ist es doch sogar schon für den Kleinsten von euch eigentlich viel zu eng da drin!«
Und jetzt sind wir also dann deswegen mal unterwegs

gewesen. Das war *so* ein langer Spaziergang zum Fressnapf, meinem Lieblingsgeschäft. Mama sagte noch zu mir: »Da brauchen wir ja nicht mal einen Einkaufswagen! Wir wollen ja nur ganz schnell ein Hundenest und ein bisschen was zu kauen für den kleinen Marder Calimero …« Ich sagte dazu nur leise: »Harr!« Wir waren da also noch nicht mal ganz drin, da war ich dann auch schon zur absoluten Höchstform aufgelaufen! Ich las nur »Hundestation« …! Wie eine Tarantel hing ich da dann sofort dran: und noch ein Frolic und noch eins und kauen wird sowieso total überschätzt und noch eins und kauen braucht wirklich kein Hund und noch ein Frolic und noch eins und noch und …! Mami zog irgendwann entschlossen an der Leine, als sie erkannte, dass ich nicht aufhören würde, bis ich geplatzt war. Sie zog und zog an dem Band von dem hektisch fressenden Marder mit dem Swarowski-Brustgeschirr und grinste angestrengt in die Runde. Rechnung ohne den Mops gemacht, mehr sagte ich nicht! Der tintige Höllenwurm, El Diabolo und ein kleinerer Marder kleben in Fresshypnose förmlich wie mit Saugnäpfen da am Napf fest! Und fress, fress, fress! Ich musste da dann am Ende wirklich operativ abgepflückt werden und schnappte sogar noch im Abheben weiter nach den guten Brocken! Schaffte noch blitzschnell ein ganzes Mäulchen voll mitzunehmen für unterwegs, musste aber dann da oben gleichzeitig schlucken, kauen, blöd atmen und herumstrampeln. Da hatte der kleine Fressmarder aber mal alle Pfoten voll zu tun! Schon im Eingangsbereich hatten wir also unseren unbescholtenen Ruf als ganz normale Kunden bereits total versaut, denn überall um uns herum flogen schon die feuchten Brocken nach allen Seiten weg. Ich hing da oben und ächzte und schmatzte und kaute und röchelte und schnappte und schluckte … Kurz: Ich zeigte ein extrem unappetitliches Verhalten. Als ich damit fertig war, endlich nach sicherlich einer und einer halben Minute, hatte ich ein sehr gutes Bauchgefühl, einen sehr guten Geschmack im Mund, einen sehr guten Einstand gehabt und folglich auch sehr gute Laune! Also: Ich grinste breit. Mami aber grinste gar nicht, sondern war schon wieder mal genervt, als sie sich dann einhändig die ganzen feuchten Futterbrocken auf dem weißen Mantel breitwischte. Da musste jetzt mal wieder ein feuchtes Tuch ran, wie so oft nach einem gelungenen Auftritt meinerseits.

Also musste Calimero, der unberechenbare Höllenwurm, jetzt wieder runter. Das dauerte dann auch nur drei Sekunden und ich hing sofort, nach dem letzten Nachschmatzen, schon voll im untersten Spielregal drin. Ich hatte dann auch, schon im schlichten Vorbeigehen, mal wieder Beute gemacht: einen kleinen, fusseligen, bunten Katzenball, der innen lustig klöterte. Den wollte ich natürlich jetzt unbedingt behalten, immerhin hatte ich ja die Beute regelrecht geschlagen, die war also faktisch schon mein Eigentum! Ich wollte ihn hier im Mäulchen herumtragen, bis ich womöglich etwas *noch* Interessanteres fand, vielleicht was Essbares? Dann wollte ich ihn zu Hause zu meinen ganzen anderen Spielzeugen tragen und ihn vermutlich nie mehr ansehen. Ja, das war mein Plan! Darum kämpfte ich eisern mit Mami, machte eben einfach das krümelige, nasse Mäulchen nicht mehr auf, in den das fusselige Bällchen so gut hineinpasste! Mami war jetzt noch genervter, immerhin standen wir ja auch immer noch im Eingangsbereich. Sie sagte einschmeichelnd: »Schau mal, du hast doch zu Hause schon eine ganze Menge Katzenbälle, Fellmäuse und komische Troddeln illegal erbeutet ... Da muss das doch *der* nicht jetzt auch noch sein!« Doch, musste! Dann bestach Mami ihren ungezogenen Tintenwürmling Calimero mit einem Frolic von der Station und ich machte instinktiv endlich den bockigen Mund wieder auf. Der nasse, vollgekrümelte Ball fiel endlich wieder aus meinem nassen, krümeligen Gesicht heraus. Ich blickte ihm betrübt kauend nach: ein weiterer tragischer Fall von Gier frisst Hirn! Fieser Trick mit den Instinkten vom kleinen Marder so zu larvieren!

Dann sollte endlich, nach dem ganzen Tamtam, das Nest angepasst werden. Wir waren ja nun schon ewig hier drin, immer noch im Eingang, mit dem Ergebnis: Calimero vollgefressen, komplett vollgebröselt und bockig wegen der verlorenen Beute. Mami mit lauter unschönen, braunen Bremsspuren auf dem oberen Drittel vom Mantel und nervlich schon leicht derangiert. Ein weiterer ganz normaler Tag mit El Diabolo. Mama kniete dann vor einem hohen Stapel und dachte nach, wie groß das Nest sein durfte, damit es noch gut unter den Küchentresen passte. Ich hingegen sah mich unbeobachtet, gab dann zwischenzeitlich mal wieder das Türmchen – und türmte. Als ich dann, es waren nur ein paar Sekunden vergangen, drei Nester anprobieren sollte, war ich leider schon weg. Mama war schon wieder genervt: Wo ist denn jetzt bloß wieder der kleine Marder im Cape hin, das darf doch wohl echt alles nicht wahr sein hier!

Nichts im ganzen Umkreis zu sehen. Mami bog um die Ecke: nichts zu sehen! Bog um die nächste Ecke: nichts zu sehen! Mama wurde langsam schon wieder nervös und auch ängstlich: Wo war denn nun dieser kleine Marder in dem großen Geschäft hier abgeblieben? Und auf seinen kurzen Wurstbeinchen ist der, warum eigentlich schon wieder und wohin eigentlich schon wieder, so dermaßen schnell verschwunden! An der übernächsten Ecke dann fand Mami ihren Marder wieder. Ich war schon ganz hinten am Regal, kurz vor dem erneuten Abbiegen. Mami war zuerst ja ganz froh, mich zu sehen, wenn auch nur schon wieder von hinten, im Abbiegen. Aber dann wünschte sie schon gleich, sie hätte mich doch lieber nie mehr dort getroffen! Denn ich stand da, dreibeinig perfekt, leider diesmal vollkommen richtig herum, und pisste wie Wallach zufrieden schmatzend mit halb geschlossenen Augen an einen riesigen Stapel mit Trockenfuttertüten. Ausgerechnet! »Das war aber mal nötig!«, schien ich zu sagen und es war ja nun auch nicht so, dass ich gerade eben erst eine satte Dreiviertelstunde draußen gewesen war! Die gelbe Lache wurde schnell größer und konnte da natürlich nicht bleiben. Also musste Mami loslaufen und ein Rothemd mit einem großen, gelben Lappen besorgen. Mami stand da mit feuerroten Wangen: »Ich habe mich *nur* kurz gebückt, schon war der kleine Knecht hier wieder getürmt! Als ich ihn an der dritten Abbiegung stellte, ließ er bereits die ganz großen Wasser spielen! Dabei war er eben gerade erst eine Ewigkeit draußen unterwegs!«, jammerte sie. Das Rothemd staunte nur noch: »Ist das da eben alles da aus *dem* Winzling rausgekommen?«, fragte er nur überrascht. Mami hatte so ihre Zweifel, ob sich da nicht schon kurz vorher ein kleinerer Labrador ausgeleert und ich da nur die Zweitstimme gesungen hatte … Der war nämlich schon ein bisschen sehr massig, dieser See. Das Rothemd sagte dann noch im Aufwischen säuerlich: »So ein Hund muss auch mal raus, wissen Sie, dann passiert so was auch nicht …« »Ach«, sagte Mami und fand die Bemerkung doppeldoof. Aber mich fand sie ehrlich gesagt noch viel doofer und ich musste jetzt, und wenn ich noch so viel Zirkus machte, endlich meine verdammten Nester mal anprobieren! Eines passte dann auch sofort, stand mir auch ganz gut! Es war außen hellcreme und innen karamellfarben, flauschig mit losem Kissen zum Rumwühlen und Scharren. Es war praktischerweise rechteckig, mit hohem Rand zum Kopfauflegen, nicht so riesig und passte sogar noch zum Küchenboden. Gekauft! Ich ging dann sofort freiwillig da rein, knallte mich hin und machte gleich mal probeweise die Augen zu. So, jetzt war ich vorne satt, hinten leer, in der Mitte flauschig, hatte ein paar Abenteuer erlebt, nun musste ich auch mal schlafen! Mami nahm also das Nest gleich mit dem dösenden Calimero drin und stellte das genauso auf die Kasse. Alle lachten wieder über das süße Marderkind und gaben mir Leckerlis … Dafür stand ich dann doch gerne noch mal kurz auf …

Aber auf dem Rückweg dann: ganz großes Geschwächel! Konnte nicht mehr weiter, also hielten wir an der Busstation und Mami hielt das Nest auf dem Schoß.

Dann kam ich auf zwei Beinen an und wollte von unten jetzt unbedingt wieder da einsteigen und weiter drin getragen werden. Hüpfte wild auf zwei Beinen herum und konnte nicht abgewehrt werden wegen des sperrigen Nests. Ergebnis: überall rundherum schwarze Schneematschpfotenabdrücke am cremefarbenen Stoff. Das Nest sah dann nach einem Kilometer bereits schon aus wie aus der Tonne geholt und passte schick zu Mamis angematschtem Mantel. Mami war wirklich schwer genervt jetzt. Dafür kam dann prompt auch die kleine Rache: Sie hatte nämlich ganz vergessen, dass ich ja vorher noch nie mit dem Bus gefahren war! Und nun, vor den lauten und fremden Geräuschen erschreckt, klebte ich kulleräugig und flach am Busboden fest und war damit beschäftigt, hektisch trocken abzuschlucken. Mami war aber ohne Gnade, sie sagte nur: »Tja, *du* wolltest ja unbedingt Bus fahren! Hattest du dir wohl so ausgerechnet, dass ich dich fette, schneematschige Zecke noch knapp zwei Kilometer im kuscheligen Nest spazieren trage, gell …? *Die* Zeiten sind mal vorbei! Und merk dir das mal besser gleich: Wer türmen kann, der kann auch Bus fahren.« Puh, war ich dann aber froh, als ich da wieder aussteigen durfte und ging ganz elastisch federnd nach Hause.

Da kam dann erst mal das ganze Gefluche, Gesprühe, Gewasche und Geföhne … Ich guckte sehr interessiert zu und bewachte schon mal mein neues Nest. Dann endlich stand das, etwas feucht noch, unter dem Tresen! Ich knallte mich sofort rein! Ahhh … Da konnte ich dann den Flur sehen, falls jemand Neues reinkam, Mamis Schreibtisch und die ganze Küche. Außerdem konnte ich sehen, wenn einer an meine Kammer zum Futter ging! Ich lag da unter dem Tresen, hinter den Barhockern, ganz geschützt an der Heizung ... Uhhh, so ein schöner Tag war das heute ...

Der Dicke und ich haben Waffenstillstand geschlossen.
Er ist trotzdem doof.

Der grandiose Fäkalini

Ich wollte ja immer schon Zauberer werden: Der grandiose Fäkalini ließ Knochen verschwinden und Kackwürste erscheinen …! Und nun hatte ich schon mal meine Gesellenprüfung abgelegt. Ja, ich ließ Scheiße auf magische Weise, jenseits aller Sperren, mitten auf einem weißen Wollteppich erscheinen! Wie machte ich das nur? Tataaa! Großes Geheimnis. Wir Magier hatten ein Schweigegelübde, euch Zuschauern blieb nur das Staunen …

Da lag ja nun, ganz zufällig versteht sich von selber, dieser Wäscheständer und trennte meine Rosette physisch vom weißen Wollteppich. Aber der große Fäkalini transzendierte das Hindernis auf magische Weise: Tataaa – Kackwurst! Mama hatte schon schnell echte Angst vor Fäkalinis unheimlichen Kräften. Mama verrückte daher sicherheitshalber mal die Wäscheständerblockade. Aber der grandiose Fäkalini transzendierte das Hindernis erneut auf unheimlich magische Weise: Tatatataaa – noch eine Kackwurst! Mama war jetzt sauer, obwohl Fäkalini ganz ohne Gage und ohne faule Tricks arbeitete. Aber leider war sie natürlich vollkommen ahnungslos: Wie machte der grandiose Fäkalini das nur immer wieder? So ging das ungelogen viele Tage lang. Jeden Morgen lag da eine neue dampfende Kackwurst auf dem Teppich, mitten im Sperrgebiet! Tataaa!

Dann levitierte Fäkalini leider eines Tages unachtsam neben Mami, während sie in der Blockade saß und das war, zusammengefasst, dann jetzt leider etwas doof gelaufen. Und Mama war gar nicht mal *so* dumm, wie sie aussah. Sie ging nämlich hin und sagte schlau: »Jetzt interessiert mich ja nur, wie du da wieder rauskommen wirst ...« Tataaa – also bohrte ich mich durch einen etwas weiteren Abstand zwischen den Wäschestangen hindurch, kein Problem für Fäkalini! Unschuldig stand ich nun vor ihr und musste zusehen, wie sie den schönen Einschlupf nun mit einem Brett verminte. Na ja, der grandiose Fäkalini hat viele Tricks! Und so war es, denn der grandiose Fäkalini transzendierte das Hindernis schon am Abend auf neue magische Weise: Tatatataaa! Eine frische Kackwurst wurde mitten auf den Teppich geliefert!

Mama war jetzt mittlerweile schon total entnervt. Sie lag ja irgendwie nur noch mit gerümpfter Nase auf dem Teppich herum und sprühte mit der Riesenpulle »Fleckund-Skunk-weg« ständig auf den verdammten Teppich ein ...! Sie vermutete jetzt, dass ich mich dann wohl *unter* dem niedrigen Bett hindurch auf den Teppich vorarbeitete ... Konnte natürlich alles sein, aber Fäkalini verriet seine Tricks niemals! Mama verminte also den freien Raum am Rahmen mit großen Büchern. Doch der große Fäkalini transzendierte auch *dieses* Hindernis wieder auf höchst gruselige und magische Weise: Tatatataa! Es lag erneut eine dampfende Kackwurst auf dem Teppich! Mama war mittlerweile fix und fertig, kämpfte seit Wochen nun schon mit dem geheimnisvollen Teppichkacker! Dieser schien den Teppich für so eine Art flauschigen Rasen für drinnen zu halten und scheute wirklich keinerlei Anstrengungen, ihn immer wieder zu veredeln! Fäkalini triumphierte …

Aber dann kam der schwarze Mittwoch! Es stellte sich heraus: Fäkalini hieß leider wohl auch Schusselini … Und das kam so: Mama telefonierte in der Blockade und Fäkalini levitierte, robbte, grunzte, scharrte, ächzte, schnaufte, rangelte … und steckte dann prompt quiekend unter dem flachen Sessel fest! Mist, gestern ging das doch noch, was war hier passiert: Stuhl geschrumpft? War *noch* ein Zauberer anwesend? Aber Fäkalini gab nicht auf, steckte dann schließlich leider rettungslos komplett unter dem Sessel fest! Mami triumphierte: Endlich hatte sie ihn erwischt, die alte Kackrübe! Mama sagte ins Telefon: »Du, ich ruf gleich zurück, ich hab jetzt hier gerade mal ein kleines Krisengespräch zu führen!« Und dann guckte sie zwischen ihren Knien auf den großen, aber leider auch sehr eingequetschten Fäkalini runter. Und der grandiose Fäkalini guckte, völlig festgeklemmt, mit schiefgelegtem Köpfchen, zwischen Mamis Knie zu Mami hoch. »Tja«, sagte Mami und ich entdeckte da einen Hauch Schadenfreude in der Stimme. »Wer zu fett wird, den bestraft das Leben, Quallimero!« Und dann bekam sie einen Megalachanfall! Als sie sich leidlich beruhigt hatte, sagte sie japsend: »Mit der ewigen Kackerei auf meinem weißen Wollteppich ist es dann jetzt wohl endlich vorbei! Brauchst du einen Dosenöffner, oder kommst du da mit dem Hintern vorweg wieder raus?« Fäkalini legte dann laut ächzend den Rückwärtsgang ein und kam mit Allpfotgetriebe tatsächlich nach einer ganzen Weile wieder alleine da heraus. Aber er schwor sich nach dem gründlichen Durchschütteln: Ja, einer der ganz Großen mochte jetzt gefallen sein! Aber der grandiose Fäkalini würde dennoch nicht ruhen! Er würde Mittel und Wege finden, um Kackwurst und Teppich wieder zu vereinen …!

Chubbys Hintern

Ich hatte einen neuen Freund, na ja, was heißt Freund, *er* jedenfalls fand mich ja mal gar nicht spannend am Anfang, aber ich ihn! Er war ein großer schwarzer Australian Shepherd und er hatte einen blauen Balli. Er spiele nicht mehr mit Winzlingen, sagte seine Mama schulterzuckend, eigentlich wolle er nur seine Ruhe – und Balli. Aber das nur mal unter uns jetzt: Vielleicht war das auch so deshalb, weil Chubby ballisüchtig war …? Viele Menschen, die auf das nervige (und oft aggressive Verhalten) ihres Hundes keine Lust mehr hatten, lenkten den Fokus nämlich schließlich um und spielten immerzu nur noch Balli mit ihrem Hund. Das hatte eindeutig viele Vorteile: Der Hund rannte insgesamt kilometerweit und wurde bewegt, ohne dass sein Herrchen sich dabei kaputt machen musste. Seine Koordination und Schnelligkeit wurden trainiert. Außerdem wurde er von unappetitlichen Plänen abgelenkt, denn Beute zu jagen ist in den meisten Fällen wesentlich attraktiver für Hunde (insbesondere für Jagdhunde) als alles andere … So weit, so gut! Was viele Menschen aber offensichtlich dann nicht wussten, war, dass die Schultergelenke, insbesondere bei schweren Hunden stark unter den ständigen Vollbremsungen beim Ballifangen litten. Und dass sie die latenten Aggressionen damit nicht löschten, sondern nur umlenkten, nämlich auf eine Beuteaggression, den Balli betreffend … Außerdem verloren so die Hunde den Kontakt ins Rudel und spielten nicht mehr mit den anderen, weil das Jagen ihnen auf angenehme Weise eine wesentlich höhere Adrenalinausschüttung gewährte …

So war das bei Chubby auch. Er sah nichts und niemanden mehr auch nur noch schwach mit dem Hintern an und war immer nur auf Balli fixiert. Wenn er nicht gerade apportierte, bellte er ununterbrochen hinter dem vor seinem Frauchen ausgespukten Balli, bis der dann endlich wieder geworfen wurde! Calimero musste immerzu hinter dem großen Chubby herlaufen, wenn Chubby hinter dem blauen Balli herlaufen musste. Beide hatten einen Krampf … Keiner, der das von Weitem sah, konnte glauben, dass der kleine schwarze Floh da hintendran ein Mops war und kein Terrier! Calimero war sehr schlau und stand immer schräg hinter Chubby, damit der ohne Unfall drehen und losrennen konnte! Weil Chubby viel zu groß war, konnte ich Balli natürlich vorne nicht sehen. Darum guckte ich immerzu auf die Muskeln von Chubbys Beinen und dann berechnete ich genau: Wann rennt der los und wohin genau?

Zuerst war Chubby ja *gar* nicht begeistert von seinem neuen Fan, aber dann merkte er sehr schnell, dass sein Balli ja schon fast so groß ist wie mein ganzer Kopf. Chubby entspannte sich also wieder, weil da einfach keine Gefahr bestand, dass Calimero sich den schnappte und dann das Türmchen damit gab. Ich war ja sowieso ein Gentlemops und ging ja nicht mal in die Nähe von Chubbys Balli, sondern nur in die Nähe von Chubbys Popo … Und der erlaubte Calimero dann somit, dass er ihm immerzu hinterherlief und passte sogar immer mit auf, dass er ihn nicht aus Versehen mal voll umrannte.

Calimero, das gruselige kleine Anhängsel, ist wieder da! Und dann lagen wir, wie die Kalenderhunde für April, nebeneinander hinter seinem Balli hechelnd und grinsend in der Wiese herum und freuten uns diebisch …

Wenn Molli dann da mal war, freute sie sich gar nicht, sondern ignorierte uns nach Leibeskräften und lief niemals mit. Auch dann nicht, wenn Sara ihre kleine, dicke, wohlerzogene Prinzessin, die all die blöden Hunde da auf der Wiese ja angeblich so blöd fand, plötzlich anfeuerte: »Lauf Moolliiee, lauf, tu wass fier deinä Fiegurr!« Und das tat Molli dann auch gründlich: rumstehen, ignorieren, gucken. Sara war jetzt plötzlich doch gar nicht mehr *so* froh, dass ihre Molli mit den lauter blöden Hunden nicht mal ein kleines bisschen, nicht mal aus Versehen, mitlief. Sie sagte mit schiefem Blick auf mich: »Sehä iech dass mal, dass Kalliemärroo niemalss wierd so ain Klopss, wie Moolliiee iesst …! Wünschtä iech, würdä sie wenigstänss mal ain *bießchän* rennän …« Mami grinste und ich dachte bei mir: »Ach was, auf einmal …«

Und wenn noch andere Kumpels da waren, standen die dann plötzlich auch, natürlich außer Molli, alle plötzlich hinter Chubbys Hintern rum und warteten mit mir zusammen, bis endlich sein Balli flog und der Chubby dann lospreschte! Chubby bekam Balli immer so geworfen, dass die ganze Traube schön auf der anderen Seite klebte und Chubby nicht erst alle vorher umrennen musste … Die Mama von Chubby sagte mit ihrem hübschen französischen Dialekt irgendwann mal trocken: »Stelle iech da bald ein Doose auff, für kleine

Spendee, weil iech den ganzen Gruppe ier iemmeer miet bespaasse …!« Mami lachte ihr zu: »Wir beteiligen uns an der Schulter-OP, wenn du die nötig hast!«

Karneval

Sara schrie immer, wenn sie mich sah: »Kalliemärroo, iech liebä diech soo!« Da ergriff Mami mal die Gelegenheit, schaute angelegentlich ihre Nägel ganz gelangweilt an und sagte dann: »Ihr solltet einfach mehr Zeit miteinander verbringen! Mein verrückter Mops und meine verrückte Bekannte …« Sara war natürlich sofort begeistert: »Soforrt mach iech dass maal!«, rief sie entzückt und Kalliemärroo stank schon wieder wie Pierre Aurel, weil er immerzu abgeknuddelt wurde. Mami wollte nämlich zum Fasching gehen. Sara wünschte schon heute viel Spaß und sagte, dass sie Kallimäährroo dann um dreizehn Uhr abholen käme. Dann käme er mit in die Praxis, hinten mit Molli, kannte er ja schon alles. Altes Häschen mit Nasenfalte und Ringelschwanz, das er ja war …

So kam es dann auch: Sara kam und trank mit Mami ein Glas Sekt. Und dann ging es mitten hinein in den leuchtenden Schnee und die strahlende Sonne! El Tintenwurm guckte sich gar nicht mal mehr nach Mami um, weil er so glücklich war mit Molli, dieser kleine Faschingsprinz! Oh, war das ein so toller Tag! Sara sagte auch, dass sie das nie vergessen würde, weil es so schön mit den beiden Möpsen, dem Schnee und der Sonne war! Wir sind gelaufen durch den Park und sind dabei dann immer wieder auf die Steine gesprungen, haben so viele Leckerlis gegessen zur Belohnung! Molli war gar nicht so ein Springfloh wie ich und rannte ja auch sonst nicht andauernd. Sie war eigentlich überhaupt nicht so sportlich, aber jetzt musste sie ja immerzu hinter Calimero herlaufen! Sara war begeistert, wie beweglich und agil so ein Mops die ganze Zeit über sein konnte und wie inspiriert die dicke Molli plötzlich war! Alle waren wir *so* glücklich und ich hatte nebenbei mal wieder einen meiner berüchtigten Kacktütentage. Machte ich vielleicht auch einfach deshalb, um endlich mal zu beweisen, was Sara immer nicht glauben konnte: an einem Tag und viermal raus und es ist ein Zehnerpack Kacktüten glatt verschissen! Calimero kam aber heute bei ihr nur auf sieben Tüten, denn die üblichen drei Tüten am Morgen hatte er ja schon bei Mami verarbeitet. Sara konnte das einfach nicht glauben und war kurz davor, sich die vollgeschissenen Kacktüten an die Ohren zu hängen wie Kugeln an einen Weihnachtsbaum … Sie hatte bald alle Taschen voll mit kleiner brauner Scheiße in großer roter Tüte … Jaaa, der große Fäkalini ist wieder da!

Dann zu Hause bei Molli war dann ganz großes Kino! Und wir rannten und rannten immer wieder durch den ganzen dottergelben Duftschnee von der Molli-Morgen-Pipi-Wiese. Und dauernd raus und rein mit den gelben Schneepfötchen: vollkommen entfesselt über Sofa, Sessel, Teppiche … und wieder raus! Dann gab es wieder Molli-Suppe und Calimero fraß und fraß und fraß und saugte und saugte und saugte und schlürfte und schlabberte und schmatzte! So dermaßen laut, dass Molli gar nicht mehr fressen konnte, sondern immerzu gucken musste, was da so laut schmatzte, schlürfte, saugte und schlabberte …! Dann ging ich mal kurz zu Molli rüber, denn die war ja so dermaßen langsam beim Fressen, dass ich Angst kriegte, das Essen könnte vielleicht dann unterwegs verschimmeln …! Also drängelte der dünne El Diabolo kurz mal die dicke Molli da weg und weil er gerade so gut im Training war, lief es auch programmgemäß! Keiner guckte und die gruselige Fressmaschine aus Palermo fraß dann gleich mal zügig weiter. Nur damit die ganzen Kacktüten auch wieder was zu tun kriegten morgen …

Plötzlich klingelte es, und dann waren auf einmal viel Lärm und große Bewegung in der Bude. Kam da doch plötzlich ein blonder großer Mops namens Oskar, mit Dackelfigur, und der brachte dann gleich auch noch seine ganze Familie mit! Mit Oskar war das so eine Geschichte: Der Papa von Oskar war ein Golfkumpel vom Zahnarzt, und der kam da dann auf dem Golfplatz mit seinem kleinen Oskar an. Und der Zahnarzt sagte völlig überwältigt: »Iesst där mal so was von süüß! So wass wiell iech auch soforrt habän!« Sara hatte Oskar dann auch bald darauf gesehen und sagte ebenfalls, sie wolle auch einen kleinen Oskar, weil der ja wohl so *dermaßen* niedlich war! Und so kam es dann, dass die beiden vier Monate später eine Molli über das Internet aus Ungarn gekauft hatten. Die war nur eine Handvoll Mops und schon ganz dick damals! Also ist Oskar eigentlich der Pate von Molli und Molli müsste daher eigentlich richtigerweise heißen: Molli-Oskaria. Und dann kugelte ja Molli als Winzling vor Mamis Haustür rum und Mami hatte prompt rumgebrüllt, dass sie auch sofort so eine Molli wollte! So kam dann der schöne Calimero hierher und Molli war jetzt also Pate von Calimero. Und *der* müsste nun eigentlich richtigerweise heißen: Calimero-Mollto-Oskar. So war das also mal mit dem Stammbaum von den Möpsen aus Berg am Laim …

Nun lernte ich also plötzlich noch meinen Urpaten kennen! Oskar war ganz schön lang und groß und auch sehr schwer. Sara sagte leise: »War där so unglaubliech süüß als Wellpä! Jätzt sieht der abär mal auss, wie ain zu dickär Dackäll! Und latschän tut är auch wie ain altär, dieckär Dackäl! Ganz komiesch zieht där die Pfotän nach … Sieht dass mal niecht sähr gesunt auss!« Und Oskar hatte außerdem auch noch ein kleines Machtproblem und war *gar* nicht begeistert, dass Calimero da jetzt auch noch mit rumlief und rumfraß und rumpinkelte! Und dann auch noch an *seiner* Molli rumkaute und am Schnuller lutschte und Straußensehne kaute und alles das …! Viel Gebelle, viel Gerenne und leider, sagte Sara dann erschöpft später, leider auch mal wieder viel Gepisse. Oskar dachte wohl, er sei hier der Chef und war daher angepisst, dass plötzlich noch ein Hahn mit Nasenfalte im Korb war! Er machte das dann auch gleich mal so, wie Mopsrüden das schulbuchmäßig tun, wenn sie eben angepisst sind. Er nahm dazu dann den geblümten Ohrensessel vor dem Fernseher, viel Fläche, saugte gut auf, stand mittig … Und ich dachte dann: Nur der Zahnarzt war hier Chef und nicht der dicke Dackel da! Und wegen des Immerzu-Angebellt-Werdens war ich dann auch bald angepisst. Schlenderte mal zum Sessel rüber und … na ja! Nicht dass der dicke Dackel hier dachte, ich kriegte so was vielleicht nicht fertig hier, nur weil ich so winzig war! El Pissnelko machte also einen perfekten Dreibeinstand, schnallte das linke Beinchen richtig hoch, mit

Speckfalte über dem Schwanz, stand dabei auch noch richtig herum. Sah sicherlich toll aus: so schwarz und rassig an dem bunt geblümten Polstersessel! Und schon hatten wir ein gelbes Duell da am Sessel … Sara mit der Lemon-fresh-Uro-Ex-Enzym-Spray-Pulle war trotzdem überhaupt *nicht* begeistert von uns! Und am Schluss war der ununterbrochen herumschreiende Oskar dann endlich draußen und pisste wütend immer wieder von außen voll gegen die Balkonscheibe! Und Calimero war drinnen und schrie die ganze Zeit wütend die vollgepisste Balkonscheibe an … Eine Riesenstimmung also mal wieder. Molli war schon völlig kraftlos, lag nur noch teilnahmslos in ihrem Nest und dachte: »Tocktock! Die beiden Trolle, aber echt …«

Mami freute sich, ihren süßen, pissenden Höllenhund dann endlich wiederzuhaben, stellte aber auch fest, dass es vor einem gewissen geblümten Sessel, der eine sehr feuchte linke hintere Ecke hatte, durchdringend nach künstlicher Limone und noch etwas anderem roch. Mami schämte sich zwar auch etwas für ihre kleine Pissnelke, musste aber auch immerzu lachen … Außerdem sagte sie etwas schadenfroh: »Wie doof ist das denn auch, hier ein Calimero-Sightseeing zu veranstalten! Du klagst doch immer, dass der Oskar so kapital und dominant ist! Und Wölfe gehen sich in der Natur ja auch nicht gegenseitig mit einem Knochengeschenk unter dem Arm besuchen!«

Unterschiedliche Auffassungen

NICCI möchte:	CALIMERO möchte:
Zeitig und stressfrei aus dem Hause kommen.	Möglichst viel Tamtam machen. Freudentänzchen aufführen. Nass gekauten Rinderziemer nicht hergeben. Aus dem Geschirranziehen einen Kampf machen. Erst damit abhauen und dann Spielaufforderung.
Ohne Zickzack und Gezerre gehen.	Möglichst als Erster aus allen Türen sich quetschen, möglichst schnell möglichst überall gleichzeitig sein.
Schöne Dinge sehen.	Eklige und interessante Dinge sehen, riechen, schmecken und mitnehmen – wenn möglich.
Unschönen Dingen ausweichen.	Nichts vermeiden, was klebt oder stinkt. Nichts ausweichen, was schon mal in jemand anders drin war. Unbedingt Proben für zu Hause mitnehmen (Panade).
Angenehme Gefühle haben.	Scheiße fressen, sich in Aas, Kuhfladen und Pferdeäpfeln wälzen. Nass sein, sich anpinkeln lassen, sich mit verwesten Sachen parfümieren, Abfall ablecken, Kacktüten apportieren. So viel Dreck aufsammeln, wie das Fell nur halten kann. Beste Kombination: nass, danach in Sand panieren.
Ein gleichmäßiges Tempo halten.	Rennen und zerren, wenn es nichts zu riechen gibt. Bockig kleben bleiben, wenn es was zu riechen gibt. Auf keinen Fall Abrufbarkeit zeigen.

NICCI möchte:	**CALIMERO** möchte:
Nicht jeden Baum besuchen.	Auf jeden Fall jeden Baum besuchen! Dazu jeden Poller, Autoreifen, Stromkasten, Briefkasten, Papierkorb, Fahrradständer, Findling, jedes Schild und jeden Zaun.
Nette, stressfreie Begegnungen.	Keiner Begegnung ausweichen, auch nicht wenn sie schon von Weitem mieft und total besoffen aussieht. Marktroller attackieren. Alle Schuhe beschnüffeln. Kinderwagen und Rollstühle sind dringend zu markieren. Marktroller nur, wenn gerade keiner guckt.
Entspannt sein.	Keiner Rauferei und Knurrerei aus dem Wege gehen, wenn man blöd angemacht wird. Viel Theater bieten, wenn man an einem angeleinten Kumpel vorbeikommt. So lange an jeder Hunderosette schnüffeln, bis der dann endlich Ärger macht. Auf jeden Fall antworten.
Toilettengang und Entspannung verbinden.	Entspannung ist zu vermeiden, die hat man zu Hause. So viel und so oft Kot und Urin unters Volk bringen, wie die die Innereien nur hergeben. So viele Kacktüten wie nur möglich verbrauchen. Immer dann, wenn möglichst viele Leute dabei zuschauen.
Einfach zusammen sein.	Meistens nicht mal zu sehen sein. Wenn, dann nur als mit dem Horizont verschmelzende Silhouette. Auch nur der Teil, der nicht in anderen Hunden oder in Hecken steckt.

NICCI möchte:	CALIMERO möchte:
Gemeinsam durch die Natur steifen.	Gemeinsam auf die Jagd gehen.
Ärger vermeiden.	Ärger nie vermeiden. Besser noch: Ärger suchen.
Sich auf Grundgehorsam verlassen.	Sich an nichts dergleichen erinnern können.
Gefahren vermeiden.	Alles fressen, was man findet. Aus keimigen Brackpfützen trinken. Nadelhölzer kauen. Kacke fressen. Autos und Schneepflüge jagen.
Dreck vermeiden.	Niemals die Chance, dreckig zu werden, verlieren. Nass werden ist ein Anfang, danach dringend Panade. Ist kein Wasser in der Nähe, tut es auch mal ein staubiger Weg.
Nicht an jedem Köter schnüffeln.	Unbedingt an jedem Köter schnüffeln! Insbesondere an jenen, denen man den Ärger schon von Weitem ansieht. Auf keinen Fall abrufbar sein.
Diskussionen vermeiden.	Jeden anspringen und in so kurzer Zeit, wie es nur geht. Matschpfötchen stempeln: helle Hosen zuerst. Taschen durchsuchen, fremde Spielzeuge entführen, Kinder erschrecken.
Friedvoll einherschreiten.	Alles jagen, was schneller als ein Meter pro Stunde ist: Blatt, Eichhörnchen, Miezekatze, Roller, Auto, Mülltonne, Kinderwagen, Rollerblader, Müllwagen, Fahrrad, Jogger, Marktroller ...

NICCI möchte:	CALIMERO möchte:
Gefühl von Kontrolle haben.	Auf gar keinen Fall reagieren. Nie beim ersten Mal zurückkommen. Wenn nicht anders möglich, vor Ankunft noch ostentativ urinieren, auch trocken. Niemals Eile demonstrieren.

Demnächst folgen:

Band 2
Calimero isst noch mehr!

und

Band 3
Calimero isst unterwegs!